DIABETES DE LA *A* A LA *Z*

Cuerpo y salud

Últimos títulos publicados

American Diabetes Association

DIABETES DE LA *A* A LA *Z*

*Todo lo que necesita saber acerca de la diabetes,
explicado con claridad y sencillez*

PAIDÓS

Barcelona
Buenos Aires
México

Título original: *Diabetes A to Z*
Publicado en inglés, en 2003, por la American Diabetes Association Inc.,
Alexandria, Virginia, Nueva York

Traducción de Beatriz Magri

Cubierta de Julio Vivas

© 2003 by American Diabetes Association
© 2004 de la traducción, Beatriz Magri
© 2004 de todas las ediciones en castellano
Ediciones Paidós Ibérica, S.A.,
Mariano Cubí, 92 – 08021 Barcelona
http://www.paidos.com

ISBN: 84-493-1601-4
Depósito legal: B. 30.437-2004

Impreso en A&M Gràfic, S. L.
08130 Santa Perpètua de Mogoda (Barcelona)

Impreso en España – Printed in Spain

Sumario

Agradecimientos

Muchas gracias a los supervisores de esta edición:

Robert M. Anderson
Charlotte A. Hayes
Morey W. Haymond
Crystal Jackson, Shereen Arent, Michael Mawby, Holly Whelan
y Tom Boyer
David S. Schade
Clara Schneider
Virginia Valentine
Donald K. Zettervall

Prólogo

Quizás acaban de diagnosticarle diabetes o padece diabetes desde hace años. Quizá tiene un familiar o un amigo diabético. Sea cual sea su situación, querrá averiguar todo cuanto pueda acerca de esta enfermedad. En eso puede ayudarle *Diabetes de la A a la Z*. Explica todo lo que hay que saber acerca de la diabetes en un lenguaje claro y sencillo.

Diabetes de la A a la Z es una enciclopedia de la diabetes. En ella podrá encontrar la información que necesite. También puede disfrutar simplemente hojeando el libro de una entrada a otra.

La información proporcionada en cada entrada le ayudará a comprender cómo puede mantener un equilibrio entre el cuidado de la diabetes y un estilo de vida pleno y activo. Incluso encontrará consejos útiles sobre cómo afrontar los desafíos sociales y emocionales de la vida cotidiana con la diabetes.

Esperamos que *Diabetes de la A a la Z* le ayude a comprender mejor su diabetes para poder tener una vida más larga, más feliz y más saludable.

FRANK VINICOR
Antiguo presidente de la American Diabetes Association

Actividad

La actividad es buena para todo el mundo, en especial para los diabéticos. Hace que la insulina trabaje más y más rápido, lo que significa que el diabético quizá necesitará menos insulina o antidiabéticos orales para controlar su diabetes. La actividad moderada reduce el riesgo de cardiopatía e hipertensión arterial y puede reducir el riesgo de cáncer de colon. Puede mejorar las concentraciones sanguíneas de grasas, reducir la grasa corporal y ayudar a adelgazar.

La actividad mantiene las articulaciones, los músculos y los huesos sanos y puede fortalecerlos. También puede aumentar la energía, aliviar los síntomas de depresión, ansiedad y estrés, y mejorar el estado de ánimo. En resumen, la actividad podría ayudar a tener una vida más larga, más feliz y más saludable.

Por lo tanto, póngase en marcha. Póngase de pie y muévase. Cuando estamos de pie y nos movemos, utilizamos entre el doble y el triple de energía de la que consumimos cuando estamos sentados.

MANERAS DE MOVERSE

- Levantarse para cambiar el canal de televisión en lugar de utilizar el mando a distancia.
- Planchar mirando la televisión.
- Caminar por casa durante las pausas publicitarias.
- Fregar los platos, cargar el lavavajillas o cargar la lavadora o la secadora durante las pausas publicitarias.

- Fregar el suelo de la cocina.
- Pasar el aspirador por el salón.
- Barrer la acera.
- Lavar y encerar el coche.
- Utilizar un rastrillo en lugar de un soplador de hojas.
- Utilizar una segadora de césped manual en lugar de una eléctrica.
- Plantar y mantener un jardín o un huerto.
- Sacar la mascota a pasear.
- Empujar el cochecito del bebé.
- Jugar activamente con los hijos.
- Ofrecerse para trabajar en una escuela o un hospital.
- Ir a pie a la estación de metro o la parada de autobús.
- Subir por las escaleras en lugar de subir en ascensor o por las escaleras mecánicas.
- Estar de pie o caminar mientras se habla por teléfono.
- Caminar durante el almuerzo, durante la pausa, mientras el horno se calienta o mientras se espera una receta médica.
- Hacer recados que exigen caminar, como hacer la compra.
- Aparcar el coche lejos del lugar de destino.
- Pasear con una persona con la que se quiere hablar.

No olvide consultar con el médico antes de aumentar el nivel de actividad física. Si no ha realizado actividad últimamente, empiece con sólo 5 o 10 minutos de una actividad y vaya prolongando o intensificando gradualmente las sesiones.

Adelgazamiento

Si tiene sobrepeso, uno de los mejores tratamientos para la diabetes tipo 2 es adelgazar. Adelgazar reducirá la tensión arterial, disminuirá el riesgo de cardiopatía y alteración de los vasos sanguíneos y mejorará el control glucémico.

El control glucémico puede mejorar hasta el punto de permitir reducir la dosis de insulina o de antidiabéticos orales. A veces, adelgazar simplemente entre 4 y 5 kg es suficiente para mejorar el control de la diabetes.

El equipo sanitario puede ayudarle a decidir cuántos kilos le convendría adelgazar. También puede ayudarle a elaborar un plan de adelgazamiento. Este plan comprenderá un objetivo de adelgazamiento. Desglose ese objetivo en objetivos más pequeños que pueda alcanzar fácilmente. Puede fijar objetivos semanales o mensuales.

Cuando alcance un objetivo pequeño, recompénsese con un libro, un CD, una salida o ropa, por ejemplo. Una vez establecidos los objetivos, ya está listo para iniciar el programa de adelgazamiento.

La única manera de adelgazar es comer menos y hacer más ejercicio. Y la única manera de evitar recuperar los kilos perdidos es mantener estos dos nuevos hábitos durante el resto de su vida saludable.

MANERAS DE COMER MENOS

En realidad, «comer menos» significa «comer menos calorías». Puede que tenga que comer porciones más pequeñas. O quizá podrá tomar la misma cantidad de comida si los alimentos que ingiere son más bajos en calorías.

La grasa tiene más del doble de calorías que los hidratos de carbono o las proteínas. Por lo tanto, si come menos grasas y más hidratos de carbono y proteínas, ingerirá menos calorías. Para mayor información sobre esta manera de comer, véase el apartado Alimentación saludable.

CONSEJOS ALIMENTARIOS

- Sirva la comida en la cocina. Deje la comida restante allí en lugar de ponerla en la mesa. No le resultará tan fácil repetir.
- Coma despacio y pare cuando empiece a sentirse lleno. De esta forma, no se llenará demasiado.
- No mire la televisión, ni lea o escuche la radio mientras come. Estas actividades pueden hacer que no preste atención a cuánto está comiendo ni a si está lleno.
- Pida a otro miembro de la familia que se acabe las sobras. De esta forma no tendrá la tentación de comérselas usted.
- Cepíllese los dientes inmediatamente después de comer. Esto elimina el sabor a comida de la boca y puede que le haga dejar de pensar en la comida.
- No haga la compra cuando tenga hambre. Puede que compre demasiado. O quizá comprará cosas que no forman parte del plan de comidas.
- Haga una lista antes de hacer la compra. Compre sólo lo que figura en la lista.
- Conserve los alimentos en lugar no visible.
- Coma algo antes de ir a una reunión social. De esta forma, será menos probable que se exceda con los alimentos grasos.
- No se salte una comida. Puede que coma demasiado en la siguiente.
- No se prohíba comer ciertos alimentos. Sólo conseguirá desearlos más. Intente reducir la ración o el número de veces que come ese alimento a la semana.

MANERAS DE HACER MÁS EJERCICIO

El ejercicio adelgaza porque ayuda a quemar calorías. Si se practica ejercicio con regularidad, los músculos seguirán quemando calorías incluso en reposo.

Diferentes ejercicios queman distintas cantidades de calorías. Algunos ejercicios buenos para adelgazar son el esquí nórdico, caminar, la natación, ir en bicicleta y el aeróbic de bajo impacto.

Lo mejor es hacer ejercicio a un ritmo moderado para poder aguantar un buen rato. Si practica ejercicio a un ritmo muy rápido, se agotará antes de tener la posibilidad de quemar suficientes calorías. Cuanto mayor es la duración del ejercicio, más calorías se queman.

Podría empezar con un paseo de 5 minutos cada día. Añada 5 minutos al principio de cada semana. Vaya aumentando la duración hasta caminar de 45 a 60 minutos. Intente hacer esto cuatro o más veces por semana.

Para quemar todavía más calorías, incorpore actividades físicas durante el día. Camine, no coja el coche. Suba por las escaleras, no en ascensor. Vaya a jugar a los bolos o a bailar por la noche en lugar de mirar la televisión. Para más ideas acerca de cómo aumentar la actividad física, véase el apartado Actividad.

CONSEJOS MOTIVADORES

- Elija ejercicios y actividades que le gusten.
- Escoja una hora y un lugar que le resulten prácticos para el ejercicio o la actividad.
- Seleccione un ejercicio o una actividad que entre dentro de su presupuesto.
- No se preocupe por el peso. Sustituirá el tejido graso por músculo. El músculo pesa más que la grasa.
- Compruebe sus medidas con una cinta métrica. Verá que adelgaza.

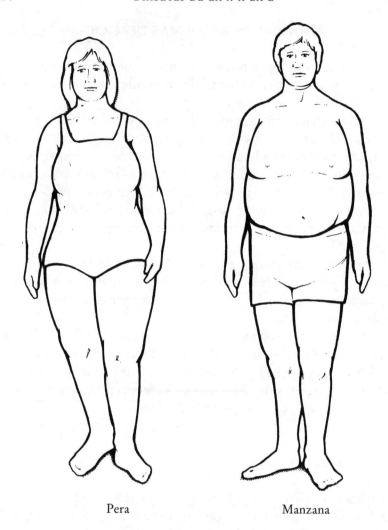

Pera   Manzana

Las personas que acumulan más kilos en las caderas y los muslos tienen forma de pera. Las personas que acumulan más kilos en la cintura y el abdomen tienen forma de manzana. Las personas con forma de manzana tienen mayores probabilidades de presentar alteración de los vasos sanguíneos, cardiopatía, hipertensión arterial, concentraciones sanguíneas elevadas de grasas, resistencia a la insulina y mal control glucémico.

Cómo evitar recuperar el peso perdido

Cuando se ha alcanzado el peso corporal deseado, viene la parte difícil: evitar recuperar los kilos perdidos es mucho más difícil que perderlos.

La mayoría de las personas recuperarán el peso perdido. Muchas personas recuperan incluso más kilos de los que perdieron. Esto sucede porque, después de adelgazar, retoman sus viejos hábitos alimentarios y de ejercicio.

Tendrá que mantener los nuevos hábitos alimentarios y de ejercicio para mantener el objetivo de peso corporal. La ventaja es que probablemente tendrá mejor aspecto y se sentirá mejor.

Alcohol

Una o dos copas al día influirán poco en su glucemia si tiene un buen control de la diabetes, no presenta complicaciones y consume el alcohol cerca de la hora de una comida o durante la misma. Pero beber dos copas con el estómago vacío puede provocarle hipoglucemia si toma ciertos antidiabéticos orales o insulina, o si estaba practicando ejercicio o iba a comenzar a practicarlo.

ALCOHOL E HIPOGLUCEMIA

La insulina reduce la glucemia. Ciertos antidiabéticos orales (sulfonilureas, meglitinidas y D-fenilalaninas) hacen que el organismo libere más insulina para reducir la glucemia. El ejercicio hace que la insulina reduzca la glucemia de manera más eficaz.

Habitualmente, si la glucemia disminuye demasiado, el hígado libera más glucosa en la sangre. (El hígado cuenta con su propia reserva de glucosa, denominada glucógeno.) Pero cuando en el organismo hay alcohol, una toxina, el hígado primero quiere eliminarlo. Mientras el hígado se ocupa del alcohol puede dejar que la glucemia disminuya hasta alzanzar concentraciones peligrosas.

CÓMO EVITAR LA HIPOGLUCEMIA

- Coma algo que contenga hidratos de carbono siempre que beba alcohol.

- Analice su glucemia antes, durante y después de beber alcohol. El alcohol puede reducir la glucemia entre 8 y 10 horas después de la última copa.
- Siga la recomendación de las *Dietary Guidelines for Americans* de no tomar más de dos copas al día para los varones y más de una copa al día para las mujeres. Una copa equivale a 355 ml de cerveza, 148 ml de vino o 44 ml de alcohol de alta graduación.

Si después de beber alcohol tiene usted hipoglucemia, la gente podría oler el alcohol y pensar que está borracho. Los indicios son los mismos. Dígales que tiene hipoglucemia. Dígales qué deben hacer para ayudarle a tratarla. Lleve una pulsera de identificación médica que indique que es diabético. Esto le resultará útil en caso de no poder hablar.

Si bebe y luego conduce en un estado hipoglucémico, pueden pararlo por conducir borracho. Incluso puede sufrir un accidente. Cuando beba, aunque sea una cantidad pequeña, deje que conduzca otra persona. Escoja a una persona responsable de antemano.

ALCOHOL Y COMPLICACIONES

El alcohol puede empeorar las lesiones nerviosas, las enfermedades oculares, la hipertensión arterial y las concentraciones sanguíneas elevadas de grasas. En caso de padecer alguno de estos problemas, hay que preguntar al profesional sanitario cuánto alcohol se puede beber sin peligro, si es que se puede beber alcohol.

ALCOHOL Y PLAN DE COMIDAS

Debe trabajar con un dietista para incluir su bebida favorita en el plan de comidas. Hay que ser consciente de que la cerveza normal, los vinos dulces y las bebidas a base de vino elevarán la glucemia más que la cerveza sin alcohol, los vinos secos y las bebidas alcohólicas de alta graduación (como el vodka, el whisky escocés y el whisky americano o irlandés), porque contienen más hidratos de carbono. Los hidratos de carbono son el principal nutriente que eleva la glucemia.

Si se vigila el peso, hay que ser consciente de que una copa puede contener entre 60 y 300 calorías. El simple hecho de reducir la cantidad de copas o variar el tipo de bebida puede ayudarle a adelgazar.

Cómo reducir las calorías

- Consumir alcohol de baja graduación. Cuanto menor es la graduación, menos alcohol contiene la bebida alcohólica. Cada gramo de alcohol contiene siete calorías.
- Poner menos alcohol en la bebida.
- Utilizar refrescos sin calorías para mezclar con el alcohol, como gaseosa sin azúcar, gaseosa normal o agua.
- Escoger cerveza sin alcohol en lugar de cerveza normal.
- Escoger un vino seco en lugar de un vino dulce o afrutado, o de bebidas a base de vino.
- Probar una bebida elaborada con una pequeña cantidad de vino mezclada con mucha gaseosa.

Bebida	Ración	Calorías	Intercambios
Bebida alcohólica de alta graduación	44 ml	107	2 grasas
Vino de mesa	148 ml	100	2 grasas
Bebida a base de vino	355 ml	196	3 grasas, 1 almidón
Cerveza normal	355 ml	151	2 grasas, 1 almidón
Cerveza sin alcohol	355 ml	97	2 grasas

COCINAR CON ALCOHOL

Cuando se calienta alcohol para cocinar, ya sea en el fuego o en el horno, una parte se evapora. La cantidad que se evapora depende del tiempo de cocción. Si se cocina durante 30 minutos o menos, se conservará aproximadamente una tercera parte de las calorías del alcohol. Habrá que contabilizarlas en el plan de comidas. Si se utiliza alcohol habitualmente (tres veces por semana) para cocinar, las calorías pueden ir acumulándose.

Alimentación saludable

Un plan de alimentación saludable es bajo en grasas saturadas y colesterol, moderado en proteínas, rico en almidones y fibra, y moderado en sodio y azúcares. Este tipo de alimentación puede proteger contra las cardiopatías, la alteración de los vasos sanguíneos, el infarto de miocardio y la apoplejía, las enfermedades de colon e intestinales, y algunos cánceres.

Bajo en grasas saturadas y colesterol

Los dos tipos principales de grasa en los alimentos son las grasas saturadas y las grasas insaturadas. Los alimentos de origen animal son los que contienen más grasas saturadas. Los alimentos que contienen una gran cantidad de grasas saturadas son la carne, los productos lácteos enteros, la manteca de cerdo, las mantecas vegetales y los aceites de coco y de palma, entre otros.

Las grasas saturadas elevan el colesterol más que cualquier otro alimento. El colesterol sólo se encuentra en alimentos de origen animal. Los alimentos ricos en colesterol comprenden los huevos, la leche entera, los quesos normales y la carne.

La mayor parte de los alimentos de origen vegetal o son bajos en grasas o son ricos en grasas insaturadas. En realidad, las grasas insaturadas disminuyen el colesterol. Las grasas insaturadas pueden ser polinsaturadas o monoinsaturadas.

Los aceites vegetales, como los aceites de maíz, de semilla de algodón, de alazor, de soja y de girasol, son ricos en grasas polinsaturadas. Los aceites que contienen principalmente grasas monoinsaturadas son los aceites de oliva, de aguacate, de almendras, de colza y de cacahuete.

CÓMO REDUCIR LAS GRASAS SATURADAS Y EL COLESTEROL

Productos lácteos

- Tomar leche desnatada o semidesnatada en lugar de leche entera, mezcla de nata y leche, o nata.
- Tomar yogur natural semidesnatado o desnatado en lugar de nata, nata agria o mayonesa.
- Tomar puré de requesón desnatado o semidesnatado con un poco de zumo de limón en lugar de nata agria.
- Tomar queso en crema semidesnatado o desnatado o puré de requesón semidesnatado o desnatado en lugar de queso en crema normal.
- Tomar quesos semidesnatados o desnatados en lugar de quesos normales.
- Tomar yogur helado, helados o sorbetes semidesnatados o desnatados en lugar de helados cremosos.

Huevos

- Limitar los huevos enteros a tres o cuatro por semana. Pueden utilizarse sucedáneos del huevo.
- En las recetas, sustituir algunos huevos enteros por claras de huevo. Dos claras de huevo equivalen a un huevo entero.

Grasas y aceites

- Sustituir la mantequilla, la margarina normal, la manteca de cerdo o las mantecas vegetales por margarina blanda de tarrina, margarina líquida, ligera o dietética. Se ingerirán menos grasas saturadas.

- Sustituir la mantequilla o la margarina por aceites insaturados. Pruebe a cocinar los alimentos con una cucharada sopera o menos de aceite insaturado.
- Sustituir los aceites comestibles por aerosoles vegetales antiadherentes, vino o caldo bajo en grasas o desgrasado.
- Sustituir las salsas a base de aceite para ensalada normales por salsas bajas en grasas o sin grasas. En las ensaladas, pruebe el zumo de limón o simplemente sal y pimienta, en lugar de una salsa.

Carne

- Intentar comer menos carne. Mantener el tamaño de la ración en 85 g, aproximadamente el tamaño de una baraja de cartas.
- Escoger la parte magra de la carne en lugar de las partes más grasas. Son carne magra el bistec de pulpa negra, el cuete de res, el lomo de cerdo, la pierna de cordero y la pierna de ternera.
- Utilizar métodos bajos en grasas para cocinar, como asar al grill o a la parrilla, en lugar de freír.

Aves

- Escoger pechuga de pollo y de pavo. Contienen la menor cantidad de grasa.
- No comer la piel.

Pescado

- Intentar comer más pescado. La mayor parte del pescado es bajo en grasas y calorías. Los aceites de pescado contienen ácidos grasos omega tres, que pueden proteger contra las cardiopatías.
- Cocinar el pescado al vapor, a fuego lento o a la parrilla.

MODERADO EN PROTEÍNAS

Las proteínas se encuentran en los alimentos de origen animal y de origen vegetal. Para una alimentación saludable, es mejor obtener las proteínas de alimentos bajos en grasas, calorías y colesterol.

La carne, los huevos, la leche y el queso son ricos en proteínas, pero también son ricos en grasas saturadas y colesterol. Si come estos alimentos, limítese a las carnes magras y las versiones bajas en grasas.

Otras opciones mejores para obtener proteínas son el pollo sin piel, el pescado y los mariscos. La mayor parte de pescados y mariscos contienen menos grasas saturadas y colesterol que la carne.

También se pueden obtener proteínas de las legumbres (alubias, garbanzos y lentejas), los cereales y las verduras. Estos alimentos son una buena elección para obtener proteínas porque son bajos en grasas y calorías y no contienen colesterol.

Los frutos secos y las semillas tienen una cantidad considerable de proteínas y la mayor parte de la grasa que contienen es insaturada.

RICO EN ALMIDONES Y FIBRA

Los almidones son uno de los dos tipos principales de hidratos de carbono. (El otro tipo es el azúcar; véase más adelante.) Los hidratos de carbono son el principal nutriente de los alimentos que eleva la glucemia. Los almidones comprenden el pan, los cereales normales e integrales, la pasta, el arroz, las patatas, el maíz, las alubias y los garbanzos. La mayoría de los almidones contienen una cantidad muy pequeña de grasa y colesterol.

La fibra, la parte de las plantas que el organismo no puede digerir, forma parte del total de hidratos de carbono de un alimento. La fibra se encuentra en la fruta, la verdura, las legumbres (alubias, garbanzos y lentejas) y los cereales. Todos ellos son bajos en grasas y calorías y no contienen colesterol.

MODERADO EN SODIO

Muchos alimentos contienen sal en forma de sodio. Los alimentos ricos en sodio comprenden los alimentos en conserva, las carnes curadas y ahumadas (beicon, salchichas, salami, perritos calientes y mortadela), los encurtidos, los quesos, las salsas para ensalada, la mostaza, la salsa de tomate, la salsa de soja, los cereales para el desayuno, los menús congelados, las comidas rápidas y los tentempiés salados (patatas fritas y galletas).

Cómo reducir el sodio

- Escoger alimentos bajos en sodio, con sodio reducido o sin sal.
- Lavar los alimentos en conserva salados (como verduras, alubias, pescado, marisco y carne) con agua fría durante un minuto para eliminar parte del sodio.
- Sustituir el jamón serrano, el jamón dulce u otras carnes curadas saladas por pollo o pavo.
- Sazonar los alimentos con zumo de limón, vinagres aromáticos, pimientos, ajo, cebolla, mezclas de condimentos sin sal y otras hierbas y especias en lugar de sal.

MODERADO EN AZÚCARES

Los azúcares son uno de los dos tipos principales de hidratos de carbono. (El otro tipo es el almidón; véase anteriormente.) Los hidratos de carbono son el principal nutriente de los alimentos que eleva la glucemia.

Las investigaciones han puesto de manifiesto que los azúcares no elevan la glucemia más que los almidones u otros hidratos de carbono. Debido a estas observaciones, un plan de alimentación saludable puede incluir una cantidad moderada de azúcares.

Los azúcares comprenden la miel, la melaza, los jarabes (como el jarabe de maíz y el jarabe de arce), los azúcares refinados (como el azúcar de mesa, el azúcar moreno y el azúcar glas) y los azúcares naturales (como la lactosa de la leche y la fructosa de la fruta).

Los alimentos que contienen azúcares naturales suelen ser buenas fuentes de nutrientes, como vitaminas, minerales, fibra y proteínas. Muchos otros alimentos nutritivos, como los cereales para el desayuno, el pan y las salsas para ensalada bajas en grasas, contienen azúcares añadidos. Otros alimentos con azúcar añadido, como el chocolate, los productos horneados y los helados, aportan muchas calorías y grasas con pocos nutrientes.

La fructosa puede elevar menos el nivel de glucemia que otros azúcares, pero una gran cantidad de fructosa puede aumentar el colesterol. Debido a esto, no hay motivos para utilizar la fructosa en lugar de otros azúcares.

El consumo de zumos de frutas o concentrados de zumo de frutas tampoco tiene ninguna ventaja. Aportan las mismas calorías que otros tipos de azúcares y aumentan la glucemia aproximadamente por igual.

Aliviar el estrés

Nuestras vidas están llenas de cosas que pueden provocar estrés. Los atascos de tráfico, los viajes de vacaciones, el desempleo, el divorcio o una enfermedad, como la diabetes, pueden provocar estrés. Trabajar para aliviar el estrés puede tener unas repercusiones espectaculares en el cuidado de la diabetes y en el bienestar del paciente.

¿QUÉ HACE QUE NOS SINTAMOS ESTRESADOS?

Cada uno de nosotros es distinto. Lo que estresa poco o nada a una persona puede estresar mucho a otra. Haga una lista de las personas o las cosas que le estresan.

¿QUÉ PASA CON EL ORGANISMO CUANDO ESTAMOS ESTRESADOS?

Cuando una persona está estresada, su organismo se prepara para la acción. Bombea hormonas del estrés a la sangre. Las hormonas del estrés hacen que el organismo libere la glucosa y la grasa almacenadas para producir energía adicional. Esta energía adicional ayuda al organismo a enfrentarse al estrés o a huir de él. Pero el organismo sólo puede utilizar la glucosa y la grasa adicionales si hay suficiente insulina.

En los diabéticos, puede que no haya suficiente insulina. Y las hormonas del estrés pueden dificultar que el organismo utilice la insulina existente. Cuando no hay suficiente insulina, se acumulan glucosa y grasa en la sangre. Esto puede provocar hiperglucemia y cuerpos cetónicos elevados. Para evitarlo debemos saber qué pasa con la glucemia cuando estamos estresados.

¿Qué pasa con la glucemia cuando estamos estresados?

La clase de estrés que padece una persona puede tener importancia. El estrés físico, como una lesión o una enfermedad, provoca un aumento de la glucemia en la mayoría de los diabéticos. El estrés mental, como los problemas matrimoniales o económicos, provoca un aumento de la glucosa en algunas personas y una disminución en otras. Para ver si su glucemia aumenta o disminuye, haga la siguiente prueba.

Prueba de la glucemia durante el estrés

Antes de analizar la glucemia, puntúe su nivel de estrés. Puede utilizar una cifra del 1 al 10 o los términos *alto, medio* o *bajo.* Anote la puntuación de su nivel de estrés. Ahora analice su glucemia. Apunte los resultados. Haga esto durante una o dos semanas.

Compare los resultados de la glucemia con sus puntuaciones de estrés. ¿Padece hiperglucemia con un nivel de estrés alto? Si es así, puede que necesite más insulina cuando está estresado. Consulte primero al profesional encargado del cuidado de su diabetes.

¿Cómo reaccionamos ante el estrés?

Hay que prestar atención a cómo reaccionamos. La reacción de una persona puede ser distinta de la reacción de otra. Se puede reaccionar con tensión, ansiedad, disgusto o ira. También con cansancio, tristeza o sensación de vacío. Puede aparecer dolor de estómago, dolor de cabeza o dolor de espalda.

Algunas personas reaccionan con una risa nerviosa o mostrándose autocríticas. Otras se desaniman, se sienten frustradas o se aburren fácilmente. Algunas lloran con facilidad.

¿Cómo afrontamos el estrés?

La manera de afrontar cada una de las situaciones estresantes determina el grado de estrés de la persona. El estrés puede afrontarse de manera que haga que la persona sienta que tiene el control. O puede afrontarse de forma que se consiga que la persona se sienta peor.

Algunas personas optan por afrontar el estrés de manera perjudicial. Pueden recurrir al alcohol, la cafeína, la nicotina o cualquier cosa que crean que puede animarlas o calmarlas. Otros optan por darse atracones.

Cualquier conducta excesiva, incluso el juego o dormir demasiado, puede ser una forma de intentar huir del estrés. Estas soluciones pocas veces dan resultado y, en el caso de la diabetes, la mayoría de ellas son peligrosas. Existen otras actividades más seguras para aliviar el estrés.

Cómo afrontar el estrés de manera segura

Respirar profundamente. Siéntese o estírese sin cruzar las piernas ni los brazos. Cierre los ojos. Inspire profunda y lentamente. Suelte todo el aire. Inspire y espire otra vez. Empiece a relajar los músculos. Siga inspirando y espirando. Cada vez que espire, relaje los músculos todavía más. Haga esto de 5 a 20 minutos como mínimo una vez al día.

Dejarse ir. Estírese. Cierre los ojos. Tense los músculos, manténgalos tensados y luego vaya relajando los músculos de cada una de las partes del cuerpo. Empiece por la cabeza y vaya bajando hasta los pies.

Desentumecerse. Gire, estire y agite diferentes partes del cuerpo.

Mantenerse activo. Algunas de las mejores actividades para aliviar el estrés son el *cross-training*, el esquí nórdico, ir en bicicleta, el remo, correr y la natación. Si no le gusta ninguna de estas actividades, busque otra que le guste y practíquela con frecuencia.

Darse un masaje. Póngase en manos de un masajista autorizado.

Pensar cosas buenas. Nuestros pensamientos afectan a nuestros sentimientos. Póngase una goma en la muñeca. Estírela cada vez que piense algo malo. Sustituya ese pensamiento malo por uno mejor. O repita un poema, una oración o una cita feliz que le calme y le ayude a centrarse.

Hablar de ello. Busque a alguien con quien hablar cuando algo le preocupe. Puede que le haga sentirse mejor. Confíese a la familia o los amigos. Consulte a un terapeuta o incorpórese a un grupo de apoyo. Otras personas pueden tener los mismos problemas que usted.

Ponerlo por escrito. Anote lo que le preocupa. Quizás encontrará una solución. O dibuje o pinte sus preocupaciones para que desaparezcan.

Probar algo nuevo. Empiece a practicar una afición o alguna manualidad. Asista a clases. Apúntese a un club o un equipo. Ofrézcase para ayudar a los demás. Organice un grupo de debate sobre libros, películas o lo que le interese. Organice un grupo de cenas en el que cada uno traiga un plato.

Irse. Tómese unas breves vacaciones o váyase una noche. Cójase un fin de semana largo. Forme una cooperativa de cuidado de niños con otros padres para poder salir más.

Escuchar música. Escuche música relajante o grabaciones de sonidos naturales, como pájaros, olas, etc.

Sumergirse en un baño caliente. La temperatura más agradable del agua de la bañera es aproximadamente la misma que la de la piel: probablemente entre 29,5 y 34 ºC. Quédese en la bañera de 20 a 30 minutos. Añada burbujas o hierbas calmantes si quiere.

Decir «no». Diga no especialmente a cosas que de verdad no quiere hacer. Puede sentirse estresado si asume demasiadas cosas.

Reírse. Suelte unas risas sonoras y saludables cada día. Busque películas, personas y libros divertidos.

Mirar la naturaleza. Mire el mundo que le rodea. Flores, árboles, incluso bichos. El sol, la luna y las estrellas. Las nubes, el viento y la lluvia. Simplemente salga y pase un rato fuera. Si no puede salir, mire por la ventana. Incluso mirar fotografías de la naturaleza puede ayudarle a calmarse y relajarse.

Comer con prudencia. Cuando está estresado, su organismo puede utilizar más vitaminas B, vitamina C, proteínas y calcio. Tome más cereales integrales, frutos secos, semillas y alubias para reponer las vitaminas B. Potencie su vitamina C con naranjas, pomelos y brócoli. Refuerce sus proteínas con pollo, pescado y claras de huevo. Incremente sus reservas de calcio con leche, yogur y queso desnatados.

Consultarlo con la almohada. A veces las cosas se ven mejor al día siguiente. Duerma de 7 a 9 horas diarias.

Alteración de los vasos sanguíneos

Los enemigos de los vasos sanguíneos son la hiperglucemia, la hipertensión arterial y las grasas sanguíneas elevadas (véase el apartado Lípidos). Estos tres factores pueden dañar los vasos sanguíneos con el tiempo. Normalmente no se nota ninguna señal hasta que el daño ya está hecho.

Cuando se produce una alteración de los vasos sanguíneos, éstos se debilitan, se estrechan o se bloquean. Por los vasos circula menos sangre para alimentar las partes del cuerpo con oxígeno. Cuando las partes del cuerpo reciben menos oxígeno, no funcionan tan bien y pueden dañarse o morir. El corazón, el cerebro o las piernas y los pies podrían dañarse. Los ojos, los riñones y los nervios, también.

La alteración de los vasos sanguíneos tiene lugar lentamente. Puede empezar en la infancia y continuar de por vida. Los diabéticos tienen mayores probabilidades de desarrollar una alteración de los vasos sanguíneos y de padecerla a una edad más temprana que las personas sin diabetes.

CÓMO REDUCIR EL RIESGO DE ALTERACIÓN DE LOS VASOS SANGUÍNEOS

Dejar de fumar o fumar menos. Fumar provoca el estrechamiento de los vasos sanguíneos. Dejar de fumar puede ser difícil, pero merece la pena. Puede obtener apoyo a través de un programa para dejar de fumar o de su equipo sanitario.

Controlar la hipertensión arterial. La hipertensión arterial puede debilitar los vasos sanguíneos. Muchas personas pueden reducir la tensión arterial perdiendo peso gracias a una alimentación saludable y al ejercicio, otras la reducen disminuyendo el consumo de sal y otras necesitan antihipertensivos. Si el médico le receta antihipertensivos, no olvide tomárselos.

Reducir ligeramente la concentración de colesterol. Un nivel de colesterol elevado significa que hay más colesterol en la sangre para adherirse a las paredes de los vasos sanguíneos y provocar aterosclerosis o el endurecimiento de las arterias (véase la figura). Esto es especialmente cierto en el caso de las grasas saturadas, que son sólidas a temperatura ambiente. Estas grasas comprenden la mantequilla, la margarina y la manteca de cerdo. Pruebe versiones bajas en grasas de sus alimentos favoritos.

Practicar ejercicio con regularidad. Incluso un paseo diario alrededor de la manzana ayuda. Busque ejercicios y actividades que le gusten.

Intentar mantener un peso saludable. El sobrepeso hace que el organismo deje más grasas en la sangre. Combine un programa de ejercicio con un plan de comidas que se adapte a su horario y sus gustos.

Controlar adecuadamente la diabetes. Analice su glucemia. Tome la insulina o los antidiabéticos orales. Siga el plan de comidas y no abandone el programa de ejercicio. Lleve un registro.

Someterse a reconocimientos médicos con regularidad. El médico comprobará si se ha producido una alteración de los vasos sanguíneos y le ayudará a vigilar la tensión arterial, las concentraciones sanguíneas de grasas y la glucemia.

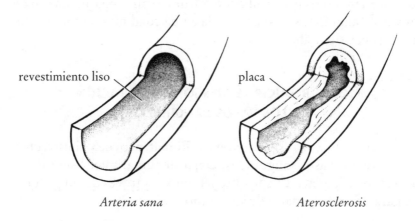

revestimiento liso   placa

Arteria sana   *Aterosclerosis*

Análisis de cuerpos cetónicos en la orina o la sangre

Los cuerpos cetónicos son productos de desecho que se fabrican cuando el organismo quema la grasa almacenada para producir energía. El organismo quema grasa cuando no puede obtener glucosa para generar energía. Esto puede suceder en las personas con diabetes tipo 1 por los siguientes motivos:

Glucosa elevada. Un nivel de glucosa elevado significa que hay un exceso de glucosa y una insuficiencia de insulina en la sangre. El organismo necesita insulina para utilizar la glucosa a fin de producir energía. Si no hay suficiente insulina, el organismo empieza a quemar grasa para generar energía.

Ejercicio. Cuando se practica ejercicio, el organismo necesita mucha energía. Si no hay suficiente insulina o suficiente glucosa, el organismo quemará demasiada grasa.

Estrés. Puede tratarse de estrés físico, como una intervención quirúrgica, o de estrés mental, como un examen. Independientemente del tipo de estrés, el organismo necesita energía para afrontarlo. El organismo necesita tanta energía que quemará grasas si no hay suficiente glucosa.

Enfermedad. Puede tener un resfriado, dolor de garganta, fiebre o una infección. Puede padecer diarrea o descomposición. Cuando está enfermo, su organismo necesita energía adicional para luchar contra la enfermedad. Puede que el organismo consiga parte de esa energía adicional a partir de la grasa.

Embarazo. Cuando una mujer está embarazada, su organismo tiene que proporcionar energía para dos. Si no come lo suficiente, el organismo puede recurrir a la grasa para producir la energía que necesita.

EFECTOS QUE PUEDEN TENER LOS CUERPOS CETÓNICOS EN EL ORGANISMO

Si el organismo quema mucha grasa demasiado deprisa, pueden aumentar las concentraciones de cuerpos cetónicos en la sangre. Los cuerpos cetónicos vuelven la sangre más ácida. La sangre ácida altera el equilibrio químico del organismo. Los cuerpos cetónicos pasan a la orina.

Si el nivel de glucemia es elevado, la glucosa también pasa a la orina y la espesa. El organismo capta líquido de todas partes para aclarar la orina. El diabético produce mucha orina y puede deshidratarse.

Si se deshidrata y el nivel de cuerpos cetónicos sigue siendo elevado, puede desarrollar cetoacidosis. Esto pone en peligro su vida. La cetoacidosis puede aparecer en sólo 6 horas.

La mayoría de las personas que desarrollan cetoacidosis padecen diabetes tipo 1, pero todos los diabéticos deben estar atentos a los indicios que determinan si se padece o no este trastorno.

INDICIOS DE CETOACIDOSIS

Sequedad bucal	Sequedad y rubor cutáneos
Mucha sed	Fiebre
Aliento con olor a fruta	Cansancio
Pérdida del apetito	Somnolencia
Dolor de estómago	Micción frecuente
Náuseas	Respiración dificultosa
Vómitos	

ANÁLISIS DE ORINA O DE SANGRE PARA DETECTAR CUERPOS CETÓNICOS

Si tiene indicios de cetoacidosis o está enfermo, si está estresado o está embarazada, hágase un análisis de orina o de sangre para determinar si hay cuerpos cetónicos. Compruebe también si su nivel de glucemia es superior a 250 mg/dl, especialmente si va a practicar ejercicio.

Encontrará estuches para análisis de orina y/o de sangre en la farmacia. No se necesita receta. Siga las instrucciones que figuran en el envase. Repase la manera correcta de realizar el análisis con el profesional encargado del cuidado de su diabetes.

LA MAYORÍA DE LOS ANÁLISIS DE ORINA SIGUEN ESTE PROCEDIMIENTO:

1. Sumergir la tira o cinta reactiva en una muestra de orina, miccionar en la tira o cinta reactiva, o colocar unas gotas de orina en la placa.
2. Esperar a ver si la cinta, la tira o la placa cambia de color. Las instrucciones indicarán cuánto tiempo hay que esperar. La espera puede ir de 10 segundos a 2 minutos.
3. Comparar el color de la cinta, la tira o la placa con la tabla de colores proporcionada.
4. Anotar los resultados. Hay que anotar el tipo de análisis, la fecha y la hora, el resultado y cualquier cosa inusual. Por ejemplo, quizás olvidó tomarse la insulina.

ANÁLISIS DE CUERPOS CETÓNICOS EN LA SANGRE

Los análisis de cuerpos cetónicos en la sangre son muy parecidos a los de glucosa. Casi siempre hay que aplicar simplemente una gota de sangre en una tira reactiva, que se ha colocado en un medidor, y luego leer los resultados.

Qué hay que hacer con los resultados

1. *Si los resultados ponen de manifiesto la presencia de rastros o pequeñas cantidades de cuerpos cetónicos:*

   • Beba un vaso de agua cada hora.
   • Analice su nivel de glucemia y de cuerpos cetónicos cada 3 o 4 horas. Si las cifras no disminuyen después de dos análisis, llame al médico.

2. *Si los resultados ponen de manifiesto la presencia de cantidades moderadas o elevadas de cuerpos cetónicos:*

   • ¡Llame al médico inmediatamente! No espere más. Si espera, las concentraciones de cuerpos cetónicos pueden aumentar.

Antidiabéticos orales

Los antidiabéticos orales son pastillas para la diabetes que ayudan a las personas que padecen diabetes tipo 2 a controlar su glucemia. No se trata de insulina. (No obstante, puede que pronto aparezcan nuevos tipos de medicamentos, como la insulina que puede inhalarse o tomarse por vía oral.) Los médicos pueden recetar antidiabéticos orales a personas que no son capaces de mantener su nivel de glucemia en unas concentraciones seguras con una alimentación saludable y la práctica de ejercicio.

En la actualidad, existen cinco clases de antidiabéticos orales disponibles en Estados Unidos: las sulfonilureas, las biguanidas, los inhibidores de la alfaglucosidasa, las tiazolidinadionas y las meglitinidas.

SULFONILUREAS

La primera clase de antidiabéticos orales son las sulfonilureas. Los fármacos más recientes de esta clase comprenden la glimepirida (Amaryl), la glipizida (Glucotrol y Glucotrol XL) y la glibenclamida (Diabeta, Glynase PresTAb, Micronase).

Las sulfonilureas ayudan al organismo a liberar una mayor cantidad de su propia insulina. Pueden ayudarle a responder a la insulina e impedir que el hígado deposite en la sangre la glucosa almacenada. Estas acciones reducen la glucemia.

POSIBLES EFECTOS SECUNDARIOS DE LAS SULFONILUREAS

- Afecciones intestinales: estreñimiento, diarrea, cólicos, ardor de estómago, sensación de indigestión, falta de apetito, náuseas y vómitos.
- Reacción hipoglucémica (véase el apartado Hipoglucemia).
- Reacciones cutáneas: picazón, urticaria, exantema, sensibilidad al sol.
- Aumento de peso.

Advierta a su médico de cualquier efecto secundario que observe después de empezar a tomar sulfonilureas. No tome sulfonilureas si está embarazada, tiene alergia a las sulfamidas o padece hepatopatía o nefropatía.

BIGUANIDAS

La segunda clase de antidiabéticos orales son las biguanidas. La metformina (Glucophage) es la única biguanida actualmente disponible en Estados Unidos. Estos fármacos hacen que el hígado libere la glucosa almacenada de manera más lenta. También pueden ayudar al organismo a responder a la insulina. Estas acciones mantienen el nivel de glucemia más uniforme.

POSIBLES EFECTOS SECUNDARIOS DE LAS BIGUANIDAS

- Náuseas.
- Sensación de indigestión.
- Cólicos.
- Diarreas.
- Pérdida del apetito.

Estos efectos secundarios pueden reducirse al mínimo si se empieza con una dosis baja y el medicamento se toma con las comidas. Las biguanidas pueden provocar lactoacidosis en las personas con cardiopatía, nefropatía o hepatopatía o en aquellas en las que se ha realizado una prueba radiológica con colorante. La lactoacidosis es una acumulación mortal de ácido en la sangre. No tome biguanidas si padece cardiopatía, nefropatía o hepatopatía ni cuando vaya a someterse a una prueba radiológica con colorante.

INHIBIDORES DE LA ALFAGLUCOSIDASA

La tercera clase de antidiabéticos orales son los inhibidores de la alfaglucosidasa. Los dos fármacos actualmente disponibles en esta clase son la acarbosa (Precose) y el miglitol (Glyset).

Los inhibidores de la alfaglucosidasa reducen el tiempo necesario para que el intestino degrade algunos hidratos de carbono en glucosa. Esto hace que la glucosa entre en la sangre más lentamente. Así, la glucemia se mantiene más uniforme, con menos altibajos. La acarbosa es especialmente útil para suavizar el aumento brusco de la glucosa que puede producirse tras las comidas.

POSIBLES EFECTOS SECUNDARIOS DE LOS INHIBIDORES
DE LA ALFAGLUCOSIDASA

- Gases.
- Sensación de indigestión.
- Diarrea.

Estos efectos secundarios pueden reducirse al mínimo si se empieza con una dosis baja. No tome inhibidores de la alfaglucosidasa si padece alguna afección intestinal.

TIAZOLIDINADIONAS

La cuarta clase de antidiabéticos orales son las tiazolidinadionas. Esta clase comprende el cloruro de pioglitazona (Actos) y la rosiglitazona (Avandia). Estos fármacos aumentan la sensibilidad de las células musculares a la insulina. También pueden reducir la liberación de glucosa almacenada por el hígado.

POSIBLES EFECTOS SECUNDARIOS DE LAS TIAZOLIDINADIONAS

- Aumento de peso.
- Edema.
- Insuficiencia cardíaca congestiva.

Las tiazolidinadionas pueden provocar alteraciones hepáticas. Debido a esto, la Food and Drug Administration (FDA) de Estados Unidos recomienda someterse a una prueba hepática antes de iniciar el tratamiento con cualquiera de estos fármacos. Durante el primer año de tratamiento, la FDA aconseja someterse a una prueba hepática cada dos meses para las personas que toman Avandia o Actos. A partir de entonces, la FDA recomienda la realización de pruebas periódicas.

INDICIOS DE AFECTACIÓN HEPÁTICA

- Náuseas.
- Vómitos.
- Dolor abdominal.
- Cansancio.
- Pérdida del apetito.
- Orina oscura.
- Ictericia.

Llame al médico inmediatamente si presenta alguno de estos indicios de afectación hepática. No tome tiazolidinadionas si está embarazada o padece hepatopatía o insuficiencia cardíaca congestiva.

MEGLITINIDAS

La quinta clase de antidiabéticos orales son las meglitinidas. La repaglinida (Prandin) es la única meglitinida actualmente disponible en Estados Unidos. Al igual que las sulfonilureas, las meglitinidas ayudan al organismo a liberar una mayor cantidad de su propia insulina. Esto reduce la glucemia. A diferencia de las sulfonilureas, las meglitinidas actúan muy rápido y deben tomarse justo antes de las comidas. Esto impide que la glucosa aumente demasiado después de las comidas.

POSIBLES EFECTOS SECUNDARIOS DE LAS MEGLITINIDAS

- Reacción hipoglucémica.
- Dolor de cabeza.
- Náuseas.
- Infecciones de las vías respiratorias superiores.
- Inflamación nasal y sinusal.
- Bronquitis.
- Dolor de espalda.
- Dolor de las articulaciones.
- Aumento de peso.

El riesgo de hipoglucemia puede reducirse si el fármaco se toma siempre con las comidas.

PARTE DE UN PLAN DE CUIDADOS DE LA DIABETES

Los antidiabéticos orales no ocupan el lugar de la alimentación saludable ni del ejercicio. Funcionan con una alimentación saludable y con ejercicio. De hecho, si no se sigue un plan de comidas y de ejercicio, puede que los antidiabéticos orales no funcionen.

A veces, los antidiabéticos orales funcionan durante un tiempo y luego dejan de funcionar. Esto sucede con frecuencia al cabo de varios años. Si sus antidiabéticos orales dejan de funcionar, puede que el médico le recete otro antidiabético oral, dos o tres tipos diferentes de antidiabéticos orales, un antidiabético oral e insulina, o insulina sola.

Tendrá que trabajar con su equipo sanitario para encontrar el mejor tratamiento.

Apoplejía

La apoplejía tiene lugar cuando se bloquea el flujo sanguíneo del cerebro. Sin sangre, el cerebro no puede conseguir el oxígeno que necesita. Parte del cerebro queda dañada o muere.

El flujo sanguíneo puede interrumpirse por una acumulación de grasa y colesterol en los vasos sanguíneos que llevan al cerebro (aterosclerosis). Este tipo de apoplejía se denomina apoplejía isquémica. Es la más frecuente.

Si el flujo sanguíneo del cerebro se bloquea sólo durante un período breve de tiempo, se denomina ataque isquémico transitorio o AIT. El organismo puede liberar enzimas que disuelven el coágulo rápidamente y restablecen el flujo sanguíneo. Si sufre AIT a menudo, es más probable que tenga una apoplejía isquémica.

Otro tipo de apoplejía se denomina apoplejía hemorrágica. Se da cuando un vaso sanguíneo del cerebro tiene una pérdida o se rompe. La causa más frecuente de las apoplejías hemorrágicas es la hipertensión arterial, que puede debilitar los vasos sanguíneos. Los vasos sanguíneos débiles tienen mayores probabilidades de experimentar una pérdida o romperse.

La diabetes duplica las probabilidades de sufrir una apoplejía. Si presenta otros factores de riesgo, sus probabilidades de padecer una apoplejía son todavía mayores.

FACTORES DE RIESGO PARA LA APOPLEJÍA

- Haber padecido AIT.
- Tener hipertensión arterial.
- Ser fumador.
- Tener un nivel de colesterol elevado.
- Tener sobrepeso.
- No practicar ejercicio.
- Beber demasiado alcohol.

El hecho de ser diabético no se puede cambiar, pero pueden reducirse los otros factores de riesgo.

CÓMO REDUCIR EL RIESGO DE APOPLEJÍA

Controlar la diabetes. Intente mantener la glucemia dentro de un nivel adecuado (véase el apartado Glucemia). Esto puede evitar o retrasar la alteración de los vasos sanguíneos provocada por la hiperglucemia.

Controlar la hipertensión arterial. Trabaje con el equipo sanitario para reducir la tensión arterial mediante una alimentación sana, ejercicio, adelgazamiento y antihipertensivos. La disminución del consumo de sodio (sal) reduce la tensión arterial en algunas personas.

Dejar de fumar. Fumar provoca el estrechamiento de los vasos sanguíneos y fomenta la acumulación de grasa y de colesterol en las paredes de los mismos. También acelera la coagulación de la sangre.

Ingerir menos grasas. Tomar menos grasas animales saturadas y colesterol puede reducir la concentración de este último. Un nivel de colesterol elevado puede dañar los vasos sanguíneos.

Perder unos kilos. Adelgazar, aunque sea sólo un poco, mediante una alimentación saludable y una mayor actividad reduce la tensión arterial y mejora las concentraciones de colesterol.

Moverse. Pruebe a caminar o a ir en bicicleta durante tan sólo 15 minutos al día tres veces por semana. Esta clase de ejercicios aeróbicos puede reducir la tensión arterial, el colesterol LDL malo y los triglicéridos, y elevar el nivel de colesterol HDL bueno.

Reducir el consumo de alcohol. Beber demasiado alcohol puede elevar la tensión arterial. Los varones no deben beber más de dos copas al día; las mujeres, no más de una. Una copa equivale a 355 ml de cerveza, 148 ml de vino o 44 ml de alcohol de alta graduación. No beba nada de alcohol si tiene problemas con la bebida o algún motivo médico para no beber.

Esté atento a las señales de alerta de la apoplejía. Sepa qué debe hacer si aparecen las señales de alerta.

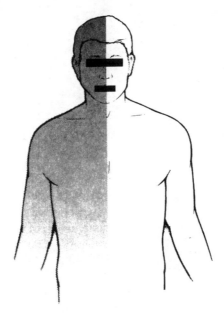

Una apoplejía puede provocar dificultades para ver o para hablar, o causar debilidad en un lado del cuerpo.

SEÑALES DE ALERTA DE UNA APOPLEJÍA O UN AIT

- Sensación de debilidad o entumecimiento repentino en la cara, un brazo o una pierna.
- La vista falla, se vuelve borrosa o, de repente, no se ve nada.
- No se puede hablar ni comprender a alguien que está hablando.
- Dolor de cabeza repentino.
- Mareo o inseguridad, o caída repentina.

SI CREE QUE ESTÁ PADECIENDO UNA APOPLEJÍA

1. Pida por teléfono una ambulancia.
2. Mantenga la calma.
3. No coma ni beba nada.

Autoanálisis de glucemia

Los autoanálisis son los análisis que realiza uno mismo. Un autoanálisis de glucemia indica cuánta glucosa hay en la sangre en un momento determinado. Cualquier diabético puede beneficiarse de los autoanálisis.

¿POR QUÉ HAY QUE ANALIZAR LA GLUCEMIA?

Cuando una persona descubre que padece diabetes, esa persona y su equipo sanitario elaboran un plan de cuidados para tratar esta enfermedad. El plan se establece para ayudar a mantener la glucemia dentro de un intervalo (véase el apartado Glucemia). Dicho plan puede comprender una alimentación saludable, ejercicio o actividad habitual, insulina o antidiabéticos orales.

Una de las mejores maneras de vigilar si el plan de cuidados de la diabetes funciona bien es mediante el análisis de la glucemia. Dicho análisis también ayuda a averiguar qué sucede con la glucemia cuando se toman determinados alimentos, se realizan ciertos ejercicios o actividades o se adelgaza, así como cuando se toman insulina o antidiabéticos orales, cuando se está enfermo o cuando se está estresado.

Un análisis de glucemia puede ayudar a decidir cómo se va a tratar la diabetes. Puede inducir al diabético a tomar un tentempié, administrarse más insulina o hacer más ejercicio, y también alertarle de que debe tratar su hiperglucemia o su hipoglucemia.

CÓMO ANALIZAR LA GLUCEMIA

La glucemia puede analizarse con un medidor de glucemia o con una tira reactiva que se interpreta visualmente. Es importante seguir las instrucciones que acompañan al producto adquirido. La mayoría de los autoanálisis de glucemia implican los siguientes pasos:

1. Lavarse las manos con agua y jabón. Secárselas.
2. Pincharse en la cara lateral del dedo con una lanceta.
3. Extraer una gota de sangre.
4. Dejar que la gota de sangre caiga sobre la zona de aplicación de una tira reactiva, si es posible.
5. Introducir la tira reactiva en el medidor de glucosa.
6. Leer la cifra que indica el nivel de glucemia en la pantalla del medidor.
7. Deshacerse de la lanceta del mismo modo que de las agujas de las jeringas.
8. Anotar el resultado.

CUÁNDO DEBE ANALIZARSE LA GLUCEMIA

El profesional encargado del cuidado de la diabetes puede ayudar a determinar cuándo hay que analizar la glucemia. Realizar análisis a horas específicas puede resultar útil. Por ejemplo, un análisis una o dos horas después de una comida permite ver cuánto aumenta la glucemia después de tomar ciertas clases y cantidades de alimentos. Un análisis a las 2 o las 3 de la madrugada indica si el diabético padece hipoglucemia nocturna. Existen ocho horas del día posibles para analizar la glucemia:

1. Antes de desayunar.
2. De una a dos horas después de desayunar.
3. Antes de almorzar.
4. De una a dos horas después de almorzar.
5. Antes de cenar.
6. De una a dos horas después de cenar.
7. Antes de acostarse.
8. A las 2 o las 3 de la madrugada.

Cuantos más análisis se lleven a cabo, más se sabrá acerca de la glucemia. Y cuanto más se sepa acerca de ésta, mejor se podrán mantener las concentraciones de glucemia dentro del nivel adecuado. He aquí algunas horas del día para analizar la glucemia que puede comentar con su equipo sanitario:

1. *Si padece diabetes tipo 1*: analice su glucemia antes de cada comida y al acostarse cada día.
2. *Si padece diabetes tipo 2 y se trata con insulina*: realice de dos a cuatro análisis al día. Varíe las horas de los análisis.
3. *Si padece diabetes tipo 2 y toma antidiabéticos orales*: realice de uno a dos análisis al día. Si realiza un análisis al día, hágalo antes de desayunar. Si realiza dos análisis al día, haga el primero al levantarse por la mañana. Varíe la hora del segundo análisis.
4. *Si padece diabetes tipo 2 y se trata sólo con una alimentación saludable y ejercicio*: analice su glucemia antes de desayunar. Realice otro análisis una o dos horas después de una comida.

HAY QUE REALIZAR ANÁLISIS DE GLUCEMIA ADICIONALES

- Cuando el equipo sanitario intenta determinar la mejor dosis de insulina o de antidiabéticos orales para el diabético.
- Cuando se modifica el programa de ejercicio o el plan de comidas.
- Cuando se empieza a tomar un medicamento nuevo que puede afectar a los niveles de glucemia.
- Cuando el diabético cree que tiene hiperglucemia o hipoglucemia.
- En caso de enfermedad.
- En caso de embarazo.
- Antes y después del ejercicio (y en el transcurso del mismo cuando se ha practicado durante más de una hora).
- Antes de conducir.
- Antes de realizar aquellas actividades que exigen mucha concentración.

HAY QUE LLEVAR UN REGISTRO

No hay que olvidarse de anotar los resultados, la fecha y la hora. Debe hacerse aunque se disponga de un medidor con memoria. El equipo sanitario puede indicar qué otra información debe registrarse, como por ejemplo:

- Los alimentos ingeridos y la hora en que se tomaron.
- Las veces que se saltan comidas o tentempiés.
- Las veces que se toman comidas copiosas o frugales.
- Las veces que se bebe alcohol y la cantidad ingerida.
- El peso.
- La insulina o los antidiabéticos orales que se toman y cuándo se toman.
- Cuándo y durante cuánto tiempo se practica ejercicio.
- Cuándo y cómo se trata la hipoglucemia o la hiperglucemia.
- Cuando el diabético está enfermo, lesionado, estresado o acaba de someterse a una intervención quirúrgica.

Comparta sus registros con su equipo médico. Con éste podrá introducir en su plan cambios necesarios para cuidar la diabetes. Un plan mejor facilita el cuidado de la diabetes.

Bombas de insulina

Una bomba de insulina es un aparato informatizado a pilas de aproximadamente el tamaño de un buscapersonas. En el interior de la bomba hay un vial de insulina con un émbolo impulsado por un engranaje. La bomba está conectada a un tubo fino de 54 a 110 cm de longitud. En el otro extremo del tubo hay una aguja o una sonda que se introduce por debajo de la piel, habitualmente en el abdomen o el muslo. La insulina se transfiere al cuerpo por el tubo y la aguja o la sonda.

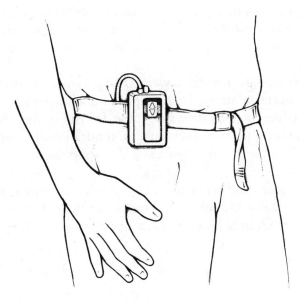

Bomba de insulina.

El diabético programa la bomba. Programa cuánta insulina quiere y cuándo la quiere. Le indica que administre cantidades muy pequeñas de insulina continuamente durante todo el día y la noche (basal), tal como lo haría un páncreas normal. Luego le indica que administre insulina adicional justo antes de comer (en embolada).

La bomba de insulina se lleva prácticamente siempre, ya sea por dentro o por fuera de la ropa. Las bombas pueden ser sumergibles o llevar incorporada una cubierta protectora para poder ducharse y nadar con ella.

Evidentemente, el diabético puede quitarse la bomba. Si se la quita durante más de una hora, puede que necesite una inyección de insulina. Tiene que analizar el nivel de glucemia para estar seguro de ello. Sí, aun llevando la bomba hay que analizar la glucemia. Se recomienda analizarla como mínimo cuatro veces al día.

QUÉ PUEDE HACER LA BOMBA POR USTED

Acercar más la glucemia a las concentraciones normales. Esto se denomina control estricto. Si las inyecciones de insulina no controlan su glucemia, una bomba de insulina podría irle mejor.

Suavizar las oscilaciones de la glucemia. Si su glucemia experimenta oscilaciones frecuentes, la bomba de insulina puede ayudar a suavizarlas.

Evitar la hipoglucemia nocturna y la hiperglucemia matinal. El organismo necesita menos insulina por la noche que al amanecer. Si intenta reducir la dosis de la inyección de insulina de la tarde para evitar la hipoglucemia nocturna, no tendrá insulina suficiente por la mañana. Tendrá hiperglucemia al despertarse.

La bomba de insulina puede programarse para que administre menos insulina por la noche y más insulina antes del amanecer. De este modo se evitan la hipoglucemia nocturna y la hiperglucemia matinal.

SEA CONSCIENTE

Cetoacidosis. Cuando el organismo tiene muy poca o ninguna insulina, se corre el riesgo de desarrollar cetoacidosis. La cetoacidosis es una acumulación peligrosa de cuerpos cetónicos en la sangre.

Si el tubo de la bomba de insulina se bloquea o se enrosca o la aguja se sale, no recibirá insulina y puede que no se dé cuenta de ello. (Las bombas tienen alarmas que avisan cuando se bloquea el tubo, queda poca insulina o la batería está baja. Pero no avisan cuando se sale la aguja.)

En una hora pueden empezar a acumularse cuerpos cetónicos. Al cabo de tan sólo seis horas puede aparecer cetoacidosis. La mejor manera de protegerse es mediante análisis frecuentes de glucemia. Si el nivel de glucemia es superior a 250 mg/dl, hay que realizar un análisis de orina para determinar si hay cuerpos cetónicos.

Infección. El lugar por el que la aguja o la sonda entra en el cuerpo puede infectarse. Para reducir las probabilidades de infección, hay que lavar la zona antes de introducir la aguja o la sonda, alternar los puntos de inyección en esa zona cada 48 horas (véase el apartado Inyecciones de insulina) y utilizar una pomada antibiótica y una protección.

Alergia cutánea. Puede producirse una reacción cutánea alrededor del punto de introducción de la aguja o la sonda. Pruebe el esparadrapo hipoalergénico o las sondas de teflón.

Complicaciones

La diabetes puede llevar a otras enfermedades y afecciones denominadas complicaciones. Las complicaciones pueden afectar a los vasos sanguíneos, el cerebro, los ojos, los riñones, las piernas y los pies, y los nervios.

La mejor defensa contra las complicaciones es mantener un peso corporal bajo y los lípidos, la tensión arterial y la glucemia dentro de un intervalo normal. Cuanto más cerca se está de los límites normales, mayores son las probabilidades de evitar o retrasar la aparición de complicaciones. Tanto el estudio *Diabetes Control and Complications Trial* (DCCT) como el *United Kingdom Prospective Diabetes Study* (UKPDS) lo demostraron.

DIABETES CONTROL AND COMPLICATIONS TRIAL

El DCCT es un estudio médico de diez años de duración (1983-1993) financiado por los National Institutes of Health. En este estudio, se observó que las personas con diabetes tipo 1 que mantenían su nivel de glucemia cerca de las concentraciones normales (la concentración de las personas sin diabetes) tenían menos complicaciones que las personas cuya glucemia era más alta.

Los médicos estudiaron las complicaciones en 1.441 personas con diabetes tipo 1. Algunas de ellas siguieron el tratamiento habitual para la diabetes. Otras siguieron un tratamiento más intensivo.

Los diabéticos que recibieron el tratamiento habitual se inyectaban insulina una o dos veces al día. La dosis de insulina prácticamente no variaba y se inyectaba a las mismas horas cada día. Estas personas realizaban análisis de orina o de sangre para comprobar si contenían glucosa. La mayoría de los diabéticos que recibieron el tratamiento habitual tenían un nivel de glucemia por encima de las concentraciones normales, pero no presentaron realmente hiperglucemia ni hipoglucemia.

Los diabéticos que recibieron tratamiento intensivo se inyectaban insulina dos o más veces al día o utilizaban una bomba de insulina (véase el apartado Bombas de insulina). Analizaban su glucemia cuatro o más veces al día. Modificaban la dosis de insulina para adaptarse a los resultados de los análisis, a la cantidad de comida que iban a ingerir o al ejercicio que iban a realizar.

Los diabéticos que recibieron tratamiento intensivo tenían un nivel de glucemia más cercano a las concentraciones normales, pero también padecieron hipoglucemia grave con una frecuencia tres veces mayor y engordaron más que los diabéticos que recibieron tratamiento habitual.

UNITED KINGDOM PROSPECTIVE DIABETES STUDY

El UKPDS es el estudio más amplio y más prolongado de personas con diabetes tipo 2 hasta la fecha. Realizó el seguimiento de 5.102 personas con diabetes tipo 2 de diagnóstico reciente durante una media de diez años. La selección de las personas se realizó entre 1977 y 1991 en veintitrés centros del Reino Unido.

Al igual que el DCCT, los diabéticos se dividieron en un grupo de tratamiento intensivo y un grupo de tratamiento tradicional. En ambos grupos se utilizaron varias combinaciones de insulina y/o antidiabéticos orales para reducir la glucemia.

El grupo de tratamiento intensivo tenía como objetivo un nivel de glucosa plasmática en ayunas de 108 mg/dl (control estricto). El grupo de tratamiento tradicional tenía como objetivo un nivel de glucosa plasmática en ayunas de 270 mg/dl. Las personas que mantuvieron un control estricto de la glucemia experimentaron una reducción del riesgo de infarto de miocardio, muerte relacionada con la diabetes, enfermedad ocular, nefropatía y posiblemente neuropatía.

Los hipertensos se dividieron adicionalmente en dos grupos. Ambos grupos recibieron tratamiento con fármacos para reducir la tensión arterial. Un grupo mantuvo una tensión arterial media de 144/82 mmHg (control estricto). El otro grupo mantuvo una tensión arterial media de 154/87 mmHg.

Los diabéticos que mantuvieron un control estricto de la tensión arterial experimentaron una reducción del riesgo de apoplejía, muerte relacionada con la diabetes, insuficiencia cardíaca, pérdida visual y complicaciones oculares, renales y nerviosas.

Qué implican estos estudios para usted

Comente con el equipo de atención diabetológica qué significan los resultados de estos estudios. Quizá quiera probar el control estricto de la glucemia o la tensión arterial, o ambos. El control estricto significa mantener la glucemia y la tensión arterial dentro del intervalo normal. Existe más de un método para conseguir el control estricto. Usted y el equipo de atención diabetológica pueden idear un plan.

Si mantiene un control estricto y aun así experimenta una complicación, es muy probable que sea más leve y aparezca lentamente. Si ya padece una complicación, el control estricto puede evitar que empeore.

Enfrentarse a las complicaciones

Aprenda todo lo que pueda sobre su complicación. Cuanto más sepa acerca de la complicación que padece, mayor sensación de control tendrá.

Hablar con la familia y los amigos. Explíqueles qué sucede y qué pueden hacer para ayudarle.

Buscar orientación psicopedagógica. Si le resulta difícil hablar con la familia y los amigos, quizá tendría que obtener orientación psicopedagógica de un asistente social o un psicólogo.

Incorporarse a un grupo de apoyo. Otras personas que padecen la misma complicación pueden proporcionarle apoyo moral. Y puede sacar nuevas ideas sobre opciones terapéuticas o médicos. En Estados Unidos, el equipo sanitario o la filial local de la American Diabetes Association pueden ayudarle a encontrar un grupo de apoyo.

Acudir a un especialista. Piense en ir a un especialista que trate la complicación que padece. Quizá su médico podrá remitirle a uno.

Hacer preguntas sobre tratamientos. ¿Qué tratamientos existen? ¿Cuáles son los efectos secundarios de los tratamientos que hay? ¿Cuánto cuestan esos tratamientos? ¿Con qué frecuencia necesitaré tratamientos? ¿Cuántos pacientes con este problema ha tratado? ¿Qué ha sucedido con dichos pacientes?

Intentar obtener una segunda opinión. Revise su seguro médico. Podría cubrir una segunda opinión.

Buscar organizaciones que se centren en las posibles complicaciones. En Estados Unidos, organizaciones como la National Kidney Foundation, la American Foundation for the Blind y la National Amputation Foundation tienen programas y servicios de este tipo. Para averiguar más cosas sobre estas organizaciones busque en Internet o consulte *The Encyclopedia of Associations.* La encontrará en la mayoría de las bibliotecas.

Ser positivo. Pensar en cosas buenas respecto a sí mismo y en relación con otros aspectos de su vida puede hacerle la vida más feliz; quizás incluso prolongarla. Si piensa demasiado en las cosas que no le gustan o que le irritan o le entristecen, lo único que conseguirá es que la vida con las complicaciones de la diabetes sea más difícil para usted y para sus seres queridos.

Cuidado de la piel

La diabetes incrementa las probabilidades de sufrir problemas cutáneos. Algunos problemas cutáneos pueden afectar a cualquier persona, pero los diabéticos los padecen con mayor frecuencia. Se trata de las infecciones bacterianas y las infecciones fúngicas. Hay otros problemas cutáneos que se dan principalmente en los diabéticos, como por ejemplo la dermopatía diabética y la esclerosis digital.

INFECCIONES BACTERIANAS

Hay tres infecciones bacterianas que los diabéticos contraen con mayor facilidad que las personas sanas: los orzuelos, los forúnculos y los ántrax. En la mayoría de los casos están causadas por bacterias estafilocócicas. Las tres tienen el aspecto de bultos rojos, dolorosos y llenos de pus.

Un orzuelo es una glándula infectada del párpado. Un forúnculo es una raíz de pelo o una glándula cutánea infectada. Un ántrax es un grupo de forúnculos. Los forúnculos y los ántrax suelen aparecer en la nuca, las axilas, la ingle o las nalgas.

Si cree que tiene un orzuelo, un forúnculo, un ántrax u otra infección bacteriana, vaya al médico.

INFECCIONES FÚNGICAS

Hay cuatro infecciones fúngicas que los diabéticos contraen con mayor facilidad que las personas sanas: el prurito del jockey, el pie de atleta, la tiña y las infecciones vaginales.

El prurito del jockey se caracteriza por una zona roja que pica y que se extiende desde los genitales hacia el exterior por encima de la cara interna del muslo. En el pie de atleta, la piel situada entre los dedos del pie pica y duele. Puede agrietarse y descamarse o pueden aparecer ampollas.

La tiña es una zona descamada, roja y en forma de anillo que puede provocar picazón o llenarse de ampollas. Puede aparecer en los pies, la ingle, el cuero cabelludo, las uñas o el cuerpo.

Con frecuencia, las infecciones vaginales están causadas por el hongo *Candida albicans.* Este hongo provoca un flujo blanco espeso en la vagina y/o picazón, escozor o irritación.

Si cree que tiene una infección fúngica, llame al médico.

DERMOPATÍA DIABÉTICA

Algunos diabéticos desarrollan una enfermedad de la piel que se denomina dermopatía diabética. Esta enfermedad lleva a la formación de zonas descamadas rojas o marrones, habitualmente situadas en la parte frontal de las piernas. La dermopatía diabética es inofensiva y no exige tratamiento.

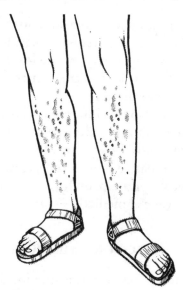

La dermopatía diabética da lugar a zonas rojas o marrones en la parte frontal de las piernas.

ESCLEROSIS DIGITAL

Los diabéticos también pueden padecer esclerosis digital. El término digital hace referencia a los dedos de la mano o del pie. Esclerosis significa endurecimiento.

La esclerosis digital hace que la piel de las manos, de los dedos de la mano o del pie se vuelva gruesa y tensa y adquiera un aspecto ceroso o brillante. También puede provocar dolor y rigidez en los dedos. Incluso puede limitar los movimientos del diabético de tal manera que le cueste juntar las palmas de las manos, como si estuviera rezando.

No existe ningún tratamiento para la esclerosis digital. Sin embargo, los analgésicos y los antiinflamatorios pueden aliviar el dolor de las articulaciones.

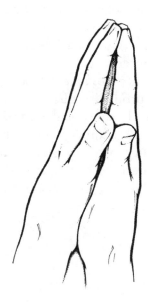

La esclerosis digital puede hacer que le resulte difícil juntar las palmas de las manos.

Cómo cuidar la piel

Mantener la diabetes bien controlada. La hiperglucemia facilita la aparición de infecciones bacterianas y fúngicas. La hiperglucemia también suele causar sequedad cutánea.

Mantener la piel limpia. Báñese o dúchese con agua tibia, no caliente. El agua caliente puede secar la piel.

Mantener las áreas secas de la piel hidratadas. Utilice cremas y jabones hidratantes. Mantenga la casa más húmeda durante los meses secos y fríos. Beba mucha agua, ya que también ayuda a mantener la piel hidratada.

Mantener otras áreas de la piel secas. Hay que mantener secas las zonas donde hay piel en contacto con piel. Estas áreas se encuentran entre los dedos del pie, debajo de los brazos y en la ingle. El uso de talco en estas áreas puede ayudar a mantenerlas secas.

Proteger la piel del sol. El sol puede secar y quemar la piel. Cuando esté al sol, aplíquese un filtro solar resistente al agua y al sudor con un FPS (factor de protección solar) de como mínimo 15. También ayuda llevar un sombrero.

Tratar los problemas cutáneos leves. Para tratar problemas cutáneos pueden utilizarse productos que se venden sin receta, pero lo mejor es consultar con el profesional encargado del cuidado de la diabetes antes de utilizar cualquier tratamiento para la piel.

Ir al dermatólogo. Si tiene predisposición a padecer problemas cutáneos, pregunte al profesional encargado del cuidado de su diabetes acerca de la posibilidad de incorporar un dermatólogo a su equipo sanitario.

Cuidado de los pies

Los diabéticos pueden tener muchas clases de problemas en los pies. Incluso los problemas leves pueden convertirse en graves.

LESIÓN NERVIOSA

Las lesiones nerviosas pueden reducir la capacidad de los pies para sentir el dolor, el calor y el frío, así como afectar a los nervios que provocan la sudoración. A raíz de la disminución del sudor, los pies pueden volverse secos y escamosos. La piel puede descamarse y agrietarse. Las lesiones nerviosas también pueden deformar los pies: los dedos se tuercen hacia arriba o la zona de la planta del pie que queda justo antes de los dedos sobresale más. El arco del pie puede aumentar. Estas alteraciones conllevan que ciertas partes del pie carguen más peso. Entonces, estas áreas tienen mayores probabilidades de desarrollar callosidades y callos (véase más adelante).

1. *Si ha perdido sensibilidad en los pies:*

- No vaya descalzo. Podría hacerse daño en el pie y no notarlo. Si va a nadar o a caminar por el río o el barro, lleve calzado para el agua.
- Revise los zapatos antes de ponérselos. Asegúrese de que no hay ninguna piedra, clavo, clip, aguja ni otro objeto punzante en su interior. Asegúrese de que el interior del zapato es liso y no hay rasgaduras ni bordes ásperos.

2. *Si le sudan mucho los pies:*

- Pruebe a llevar calcetines de seda o de polipropileno fino debajo de los calcetines habituales. Eliminan el sudor y ayudan a reducir la fricción. Asegúrese de que hay espacio suficiente en los zapatos para ambos pares de calcetines. También puede comprar calcetines especiales diseñados para eliminar el sudor. Se venden en la mayoría de tiendas de deportes.

3. *Si tiene los pies secos y escamosos:*

- Póngase crema hidratante dos veces al día, pero no se la aplique entre los dedos, ya que la humedad adicional puede llevar a una infección.
- No ponga los pies en remojo. Poner los pies en remojo seca la piel.

4. *Si le ha cambiado la forma del pie:*

- Consulte al profesional responsable de su diabetes o al podólogo acerca de plantillas ortopédicas para calzado o zapatos especiales.

CALLOS Y CALLOSIDADES

Las callosidades son áreas de piel gruesa provocadas por la presión o la fricción constante o prolongada. Un callo es una callosidad en un dedo del pie. Los callos y las callosidades en los pies suelen aparecer cuando el peso del cuerpo se carga de manera desigual. Pueden hacerse varias cosas para evitar la formación de callosidades.

Llevar zapatos que ajusten bien. Los zapatos que ajustan bien resultan cómodos en el momento en que se compran. Casi todos los zapatos nuevos son un poco rígidos al principio y se amoldan a los pies con el uso. Pero comprar un número de zapatos equivocado e intentar ablandarlos es otra cosa. Asegúrese de que tiene espacio para mover los dedos.

Llevar zapatos de tacón bajo y suela gruesa. Las suelas gruesas protegerán los pies. Los tacones bajos distribuyen el peso de manera más uniforme.

Probar calcetines acolchados. No sólo protegen los pies, sino que también reducen la presión. Asegúrese de que el zapato es lo suficientemente grande como para colocar este calcetín más grueso. Puede que necesite unos zapatos más hondos de lo normal.

Probar plantillas ortopédicas para calzado. Consulte al profesional sanitario responsable de su diabetes o al podólogo acerca de las plantillas ortopédicas para calzado para distribuir mejor el peso sobre sus pies.

Si desarrolla una callosidad o un callo, haga que el especialista en diabetes o el podólogo se lo recorten. Si intenta cortarse los callos o las callosidades usted mismo puede provocar una infección. Si intenta eliminarlos con productos químicos sin receta médica puede quemarse la piel. Las callosidades que no se recortan se vuelven muy gruesas, se descomponen y se convierten en úlceras.

ÚLCERAS DE PIE

Las úlceras de pie son llagas abiertas o agujeros en la piel. Casi siempre se forman en la zona de la planta del pie que queda justo antes de los dedos o debajo del dedo gordo. También pueden formarse en la planta del pie, en el talón o en los otros dedos. Las úlceras pueden ser el resultado de un corte, de una callosidad o de una ampolla que no se ha cuidado. Las úlceras que aparecen en la zona lateral del pie suelen estar causadas por zapatos que no ajustan bien. Para evitar las úlceras hay que:

- Llevar zapatos que ajusten bien.
- Ponerse los zapatos nuevos sólo unas horas cada vez.
- Tirar los zapatos y las zapatillas de deporte gastados.
- Llevar calcetines que ajusten bien.
- Llevar calcetines sin costuras, agujeros ni áreas desiguales.
- Ponerse unos calcetines limpios cada día.
- Ponerse los calcetines con cuidado.
- Comprobar si hay piedrecitas u otros objetos dentro de los zapatos antes de ponérselos.

Una úlcera puede ser muy dolorosa. Pero si tiene una lesión nerviosa (véase anteriormente), puede que no la note. Aunque no sienta el dolor causado por una úlcera, tiene que conseguir atención médica inmediatamente. Caminar con una úlcera puede hacer que se agrande y se infecte. Una úlcera infectada puede causar gangrena y llevar a la amputación (véase más adelante).

Mala circulación

La alteración de los vasos sanguíneos en las piernas y los pies puede provocar una mala circulación. En ese caso, se puede tener sensación de frío en los pies o unos pies de aspecto azulado o hinchado.

1. *Si tiene los pies fríos:*

- Lleve calcetines que abriguen.
- No utilice bolsas de agua caliente, almohadillas calientes ni mantas eléctricas. Puede quemarse los pies sin darse cuenta.
- No sumerja los pies en agua demasiado caliente o demasiado fría. Compruebe primero la temperatura del agua con el codo.

2. *Si tiene los pies hinchados:*

- Pruebe zapatos con cordones. Puede apretar o aflojar los cordones para ajustar los zapatos a la forma de los pies.

Una mala circulación puede retrasar la cicatrización de las heridas y las infecciones. También puede provocar gangrena seca (véase más adelante). Esté atento a los indicios de alteración de los vasos sanguíneos en las piernas y los pies.

INDICIOS DE ALTERACIÓN DE LOS VASOS SANGUÍNEOS
EN LAS PIERNAS Y LOS PIES

- Calambres o tensión en una o ambas piernas al caminar, pero no en reposo: es lo que se denomina claudicación intermitente.
- Pies fríos.
- Dolor en las piernas o los pies en reposo.

- Caída del vello de los pies.
- Piel brillante.
- Engrosamiento de las uñas de los pies.

GANGRENA Y AMPUTACIÓN

La gangrena es la muerte de los tejidos. Existen dos tipos de gangrena: seca y húmeda. La gangrena seca puede tratarse mejorando la circulación sanguínea del pie. Pueden tomarse antibióticos para evitar que la zona se infecte con bacterias. Si aparece una infección, se trata de una gangrena húmeda. El único tratamiento para la gangrena húmeda es la amputación. La amputación es la extirpación de los tejidos muertos. Podría significar la pérdida de un dedo, varios dedos, un pie o parte de un pie.

Nota especial: Casi todos los diabéticos que necesitan una amputación son fumadores.

CÓMO CUIDAR LOS PIES

Comprobar el estado de ambos pies cada día. Examínese completamente los pies. Si no puede ver bien, haga que un amigo o un familiar se los examine. Compare ambos pies. Utilice un espejo para poder ver mejor la planta de los mismos. Busque cualquiera de estos problemas:

Cortes	Ampollas
Grietas	Roturas
Rasguños	Callosidades
Uñeros	Hinchazón
Enrojecimiento	Alteraciones del color
Alteraciones de la forma	Dolor
Puntos fríos	Pérdida de sensibilidad
Puntos calientes	Callos
Úlceras	Sequedad
Agujeros	Descamación

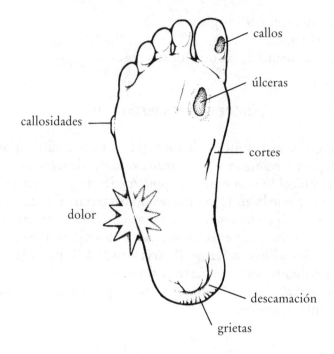

Mantener los pies limpios. Lávese y séquese bien los pies. No olvide secarse entre los dedos.

Mantener las uñas de los pies cortadas. Córtese las uñas siguiendo la curva del dedo. Si no puede cortárselas usted mismo, haga que se las corte un miembro del equipo sanitario.

Someterse regularmente a un examen de los pies. Quítese los zapatos y los calcetines en todas las consultas habituales que realice en el ambulatorio para recordarle al médico que le examine los pies. Haga que le inspeccione los pies para comprobar si hay alguna alteración de los vasos sanguíneos, muscular o nerviosa, como mínimo una vez al año.

Mantener los niveles de glucemia dentro de un límite adecuado. Si el nivel de glucemia es elevado, hay mayores probabilidades de padecer problemas de pies.

Mantener informado al médico. Llame al médico si tiene un problema de pies por muy leve que sea.

Dejar de fumar

Dejar de fumar es bueno para la diabetes y para la salud. Cuando se deja de fumar, disminuyen la glucemia y la tensión arterial. Disminuyen el nivel de colesterol total, el colesterol LDL (el malo) y los triglicéridos. Cuando se deja de fumar, aumenta el colesterol HDL (el bueno) y el aporte de oxígeno. ¡Incluso aumenta la esperanza de vida!

Deje de fumar y podrá reducir su riesgo de sufrir cardiopatía, alteración de los vasos sanguíneos, nefropatía, lesiones nerviosas, enfermedades dentales y cáncer (boca, garganta, pulmones y vejiga). Podrá reducir su riesgo de padecer cardiopatía y apoplejía, tener un aborto espontáneo o un parto de feto muerto, experimentar una limitación de la movilidad articular y sufrir resfriados, bronquitis y enfisema.

Deje de fumar y podrá reducir incluso su riesgo de mostrar resistencia a la insulina (cuando el organismo no responde a esta sustancia). Es lógico que la gente intente dejar de fumar. He aquí algunos consejos útiles.

ANTES DE DEJAR DE FUMAR

Durante una semana, apunte cada vez que fuma. Anote el acontecimiento o la actividad que estaba practicando o se disponía a practicar. Guarde la lista.

Apunte todos los motivos por los que quiere dejar de fumar. Lea la lista todos los días de la semana antes de dejar de fumar.

Escoja un día para dejar de fumar y apúntelo. Elija un día con pocas presiones. De esta forma, el estrés no le inducirá a fumar. Es aconsejable que lo haga cuando no vaya a trabajar.

Diga a los demás que piensa dejar de fumar. Hágalo saber a la familia, los amigos y los compañeros de trabajo. Busque su apoyo. Indíqueles cómo pueden ayudarle. Por ejemplo, pídales que no le ofrezcan cigarrillos. Dígales qué cabe esperar cuando deje de fumar por primera vez (véase más adelante).

Escoja un método para dejar de fumar. Existen muchas formas de dejar de fumar. No todos los métodos dan el mismo resultado a todo el mundo. El equipo de atención diabetológica quizá podrá

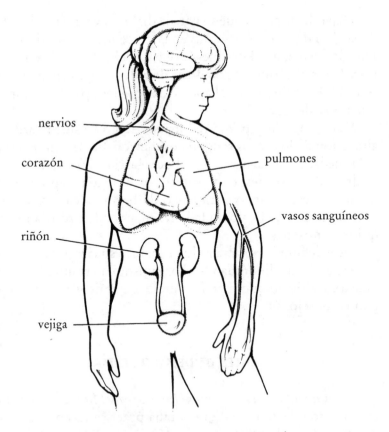

nervios

corazón

pulmones

vasos sanguíneos

riñón

vejiga

Fumar puede perjudicar la salud y dañar el corazón, los pulmones, los vasos sanguíneos, los nervios, los riñones y la vejiga. Fumar incrementa el riesgo de infarto de miocardio, apoplejía, abortos espontáneos y partos de fetos muertos.

ayudarle a encontrar un método que le funcione. Podría ser dejar de fumar «en seco», utilizar un parche de nicotina o mascar chicle. La hipnosis ayuda a algunas personas a dejar de fumar. A otras, la acupuntura les calma las ansias de fumar.

Plantéese incorporarse a un grupo para dejar de fumar. Puede que le resulte más fácil dejar de fumar con otras personas. Busque grupos en los hospitales o las filiales locales de organizaciones, como la American Lung Association, la American Heart Association y la American Cancer Society.

Practique la respiración profunda. Los vídeos de relajación pueden ser de ayuda.

Aprovisiónese de tentempiés bajos en grasas y calorías. Puede que tenga más apetito después de dejar de fumar. Tal vez engorde (el aumento medio de peso es de 3 kg). Es probable que tenga ansias de comer alimentos dulces.

Empiece a practicar ejercicio unas semanas antes de dejar de fumar. Una mayor actividad le ayudará a luchar contra el síndrome de abstinencia y el aumento de peso. El ejercicio puede ocupar el lugar del tabaco o ayudarle a controlar la necesidad imperiosa de comer. Pruebe a caminar a paso ligero, ir en bicicleta o nadar.

Prevea recompensas por no fumar. Por ejemplo, podría jugar a su juego favorito un semana e ir al cine la semana siguiente.

CUANDO SE DEJA DE FUMAR

Puede experimentarse el síndrome de abstinencia durante unos días o unas semanas. La tabla de la página siguiente muestra algunos de los síntomas que pueden experimentarse y cómo hacerles frente.

DESPUÉS DE DEJAR DE FUMAR

Los primeros tres meses después de dejar de fumar suelen ser los más duros. La mayoría de la gente que vuelve a fumar lo hace en ese período. Pruebe estas tácticas para no volver a fumar:

SÍNDROME DE ABSTINENCIA		
Síntoma	Duración	Solución
Necesidad imperiosa de fumar	Intensa las primeras dos semanas, luego intermitente	Hacer otra cosa
La glucemia experimenta altibajos	Varía	Controlarla rigurosamente
Irritable, tenso, con los nervios de punta	Varias semanas	Hacer una pausa o dar un paseo; escuchar una cinta de relajación
Dificultades para concentrarse o sensación de estar «colocado»	Varias semanas	Hacer las tareas grandes más pequeñas; hacer pausas breves
Energía adicional o inquietud	Varía	Hacer ejercicio
Somnolencia durante el día	De dos a cuatro semanas	Dar un paseo o hacer una siesta
Dificultades para dormir por la noche	Menos de siete días	Probar la respiración profunda; evitar la cafeína después de las cinco de la tarde
Estreñimiento	De tres a cuatro semanas	Añadir fibra (fruta fresca, verduras, pan integral y cereales) al plan de comidas; beber de seis a ocho vasos de agua al día
Tos	Menos de siete días	Sorber agua
Dolor de cabeza, calambres musculares, náuseas o sudoración	Pocos días	Probar un baño caliente o descansar un rato
Ansia de comer dulces	Varias semanas	Tomar un tentempié bajo en calorías

- Consulte la lista de los acontecimientos que tenían lugar o las actividades que realizaba cuando fumaba. La próxima vez que se dé alguno de esos acontecimientos o que vaya a realizar alguna de esas actividades, evítelos. Por ejemplo, si fumaba siempre en la *happy hour*, no vaya al bar a esa hora. Si no puede evitar el acontecimiento, sustituya el cigarrillo por otra cosa. Sujete otra cosa con la mano. Pruebe con un collar de cuentas, una piedra pulida o un bolígrafo. Póngase otra cosa en la boca, como un palillo. Masque chicle o hielo.
- Si fuma para relajarse, busque otra forma de hacerlo. Pruebe la respiración profunda o los ejercicios de relajación. Si fuma para animarse, pruebe a dar un paseo o a desperezarse.
- Tire los cigarrillos, las colillas, los encendedores, las cerillas y los ceniceros a la basura.
- Coloque la lista de motivos para dejar de fumar donde guardaba los cigarrillos.
- Lea la lista de motivos para dejar de fumar. Recuérdese que no quiere fumar.
- Recuérdese que basta con un cigarrillo para volver a ser fumador. Intente evitar incluso uno.
- Elabore una lista de las cosas que le gustan del hecho de no fumar.
- Si le preocupa engordar, comente con el dietista la posibilidad de modificar el plan de comidas y de ejercicio.

Derechos asociados a la diabetes juvenil

Los niños diabéticos no deben correr ningún riesgo médico en la escuela ni en la guardería y deben tener acceso a las mismas oportunidades educativas que los otros niños. La mejor manera de garantizar un buen cuidado de la diabetes para el niño es hablar abiertamente con el personal de la escuela y asegurarse de que los miembros del personal entienden cuáles son sus funciones a la hora de satisfacer las necesidades médicas del niño. También es importante que los padres comprendan cuáles son sus derechos y qué pueden hacer para asegurarse de que su hijo recibe un tratamiento justo y una atención apropiada.

Leyes

La Rehabilitation Act de 1973 protege a las personas contra la discriminación en cualquier programa o actividad que recibe fondos federales. Esto comprende todas las escuelas y las guarderías públicas, así como las escuelas y los centros privados que reciben ayudas federales. Las escuelas pueden perder las subvenciones si no respetan esta ley. La Americans with Disabilities Act prohíbe a todas las escuelas y guarderías, excepto a las dirigidas por organizaciones religiosas, discriminar a los niños discapacitados. La Individuals with Disabilities Education Act protege a los niños discapacitados que pueden demostrar que la discapacidad afecta negativamente a su rendimiento educativo. Una vez demostrado esto, los padres y los funcionarios de la escuela elaboran un Programa de Educación Individualizado (IEP). Además de estas leyes federales, en Estados Unidos hay algunas leyes estatales que proporcionan incluso mayor protección.

SUS DERECHOS

Como progenitor o tutor de un niño diabético, tiene derecho a que evalúen a su hijo, a celebrar una reunión con el personal de la escuela, a elaborar un plan educativo que exponga específicamente qué servicios se proporcionarán para satisfacer las necesidades de su hijo, a que le notifiquen cualquier propuesta de modificación del plan de su hijo y a aprobarla.

PLAN DE TRATAMIENTO MÉDICO DE LA DIABETES

Es importante que los padres, el equipo sanitario del niño y el personal de la escuela trabajen juntos para garantizar un entorno exento de riesgos médicos para el niño, asegurándose al mismo tiempo de que puede participar plenamente en todas las actividades patrocinadas por la escuela. El equipo sanitario del niño debe trabajar con los padres para desarrollar un plan de tratamiento médico de la diabetes que permita al personal de la escuela aplicar la pauta de cuidados de la diabetes prescrita por el equipo sanitario del niño.

PLAN EDUCATIVO PARA SATISFACER LAS NECESIDADES DEL NIÑO

Además del plan de tratamiento médico de la diabetes, hay que documentar en un plan educativo los servicios necesarios para satisfacer las necesidades del niño. El plan debe esbozar sus necesidades académicas y médicas (de acuerdo con el plan de tratamiento médico de la diabetes) e indicar los servicios que se prestarán para satisfacer dichas necesidades. El plan escrito puede comprender requisitos como:

- Garantizar la disponibilidad *in situ* de personal cualificado.
- Permitir que el niño se administre los medicamentos y se trate él solo.
- Garantizar la plena participación del niño en todas las actividades escolares, entre ellas los deportes, los acontecimientos extraescolares y los viajes de estudios.
- Acceso inmediato a suministros y tentempiés para la diabetes.
- Permiso para ir al baño y a la fuente de agua más a menudo.
- Permitir ausencias adicionales para ir al médico y por días de enfermedad.

TRATAR LA DISCRIMINACIÓN

Si cree que su hijo ha sido discriminado y que la escuela no le proporciona el cuidado apropiado para la diabetes, lo mejor que puede hacer en primer lugar es educar, luego negociar, litigar y, si es necesario, legislar.

Educar. La discriminación basada en la diabetes con frecuencia es el resultado de la ignorancia. Es importante educar al personal de la escuela sobre la diabetes y cómo afecta al niño.

Negociar. Cuando la educación no basta, hay que intentar negociar una solución para el problema.

Litigar. Si no se satisfacen las necesidades del niño, los padres tienen derecho a presentar una demanda administrativa o un pleito en los tribunales.

Legislar. Si considera que las leyes y las políticas actuales no proporcionan a su hijo la protección necesaria, el siguiente paso podría ser trabajar para modificar las normas locales, estatales o nacionales.

Derechos laborales

Algunos empresarios tienen miedo de contratar diabéticos. Les preocupa que la diabetes pueda afectar a su trabajo. O que encarezca las primas del seguro médico que debe pagar la empresa. Por estos motivos, los diabéticos pueden tener más dificultades para encontrar un empleo que las personas sanas, y también pueden perderlo con mayor facilidad. Como trabajador diabético, debe conocer sus derechos legales y saber cómo puede protegerlos.

LEYES CONTRA LA DISCRIMINACIÓN

En Estados Unidos, varias leyes federales prohíben la discriminación en el lugar de trabajo por motivos de discapacidad. La Americans with Disabilities Act se aplica a las empresas privadas, los sindicatos, las agencias de trabajo con uno o más empleados y el gobierno local y estatal. La Rehabilitation Act de 1973 cubre generalmente a los empleados que trabajan para el poder ejecutivo del gobierno federal o para una empresa que recibe fondos federales. La Congressional Accountability Act cubre a los empleados del Congreso y la mayoría de los organismos del poder legislativo.

Estas leyes prohíben que un empresario tome cualquier medida laboral negativa debido a la discapacidad de una persona. Esto significa que un empresario no puede discriminar en la contratación, los despidos, la disciplina, la remuneración, los ascensos, la formación en el trabajo, los incentivos ni en cualquier otra condición laboral. Los empresarios también tienen prohibido tomar represalias contra un empleado por reivindicar sus derechos. Normalmente no se tiene la obligación de advertir al empresario de que se es diabético, pero las leyes sólo le protegen contra la discriminación si su jefe está al corriente de su enfermedad.

Para que esas leyes contra la discriminación puedan protegerle, usted debe demostrar que es un «discapacitado cualificado». El primer paso consiste en demostrar que tiene una discapacidad. En estas leyes, la discapacidad se define como un deterioro mental o físico que limita considerablemente una o más actividades cotidianas importantes, como caminar, ver o trabajar. Si tiene un expediente anterior de discapacidad, puede utilizarlo para demostrar su discapacidad en este momento.

También debe demostrar que está cualificado para el empleo en cuestión. Se considera que un trabajador está cualificado si tiene las habilidades, la experiencia, la formación y otros requisitos laborales que exige el puesto de trabajo actual o deseado y si (en caso de que se le ofrezca una adaptación funcional razonable) puede desempeñar las funciones básicas de ese puesto. Una adaptación funcional es una modificación o un ajuste del puesto de trabajo o el entorno laboral que permite desempeñar el trabajo.

En Estados Unidos, todos los Estados tienen sus propias leyes contra la discriminación y disponen de los organismos responsables de hacerlas cumplir.

Además, la Family and Medical Leave Act exige a la mayoría de las empresas privadas con más de cincuenta empleados, y a la mayoría las empresas gubernamentales, que ofrezcan hasta doce semanas de baja al año por un problema de salud grave de un empleado o un familiar directo.

ADAPTACIONES FUNCIONALES

Como se ha dicho antes, los empresarios están obligados a realizar una «adaptación funcional razonable» si lo solicita un empleado discapacitado, a menos que dicha adaptación suponga una «dificultad excesiva» para el empresario debido a problemas o gastos importantes. Las adaptaciones funcionales que necesitan los diabéticos suelen ser fáciles de conseguir y baratas, como por ejemplo:

- Pausas para analizar la glucemia, tomar un tentempié o ir al baño.
- La posibilidad de tener los suministros y los alimentos para el tratamiento de la diabetes a mano.
- La posibilidad de tener un horario adaptado a sus necesidades o bien un turno fijo, en lugar de uno variable.

ENFRENTARSE A LA DISCRIMINACIÓN

Educar y negociar. Con frecuencia, la discriminación basada en la diabetes es el resultado de la ignorancia. A veces los problemas pueden solucionarse informando a los demás sobre la enfermedad y sobre las capacidades y las necesidades médicas del diabético. Cuando la información por sí sola no basta, hay que intentar llegar a un arreglo que beneficie a todos.

Litigar. A veces hay que recurrir a la justicia para poner fin a la discriminación. Normalmente, el diabético debe presentar una acusación de discriminación en el organismo gubernamental apropiado. En Estados Unidos, si la empresa es privada o se trata de un gobierno estatal o local, hay que presentar la acusación en la Equal Employment Opportunity Commission o ante el organismo contra la discriminación de ese Estado. Si la empresa es del gobierno

federal, hay que ponerse en contacto con la oficina de la Equal Employment Opportunity del organismo en que tuvo lugar la discriminación. Hay que actuar rápido porque normalmente los plazos para tomar medidas son muy breves. Si el demandante no está satisfecho con la solución del problema ofrecida por el organismo, puede presentar una demanda en los tribunales federales o estatales alegando discriminación por motivos de discapacidad.

Legislar. A veces hay que trabajar para modificar leyes y políticas que son injustas para los diabéticos.

Diabetes gravídica

La diabetes gravídica es la hiperglucemia que se da únicamente en las embarazadas que todavía no padecen diabetes. Aparece aproximadamente entre las 24 y las 28 semanas del embarazo. En ese momento, el organismo produce grandes cantidades de hormonas para ayudar al bebé a crecer. Se cree que estas hormonas bloquean la insulina. Cuando hay algo en el organismo que impide que la insulina haga su trabajo se produce una alteración denominada resistencia a la insulina.

En la mayoría de las embarazadas, el organismo produce insulina suficiente para superar la resistencia a la insulina. En otras, la insulina producida no es suficiente. Estas mujeres padecen diabetes gravídica. La mayoría de las pacientes con diabetes gravídica dan a luz a bebés sanos. Pero aun así es importante el seguimiento riguroso del médico. El riesgo de diabetes gravídica es más elevado si están presentes uno o más de los siguientes factores:

- Edad superior a 25 años.
- Sobrepeso.
- Antecedentes familiares de diabetes.
- Origen hispano, indio americano, afroamericano, asiático o de las islas del Pacífico.
- Parto de un bebé de 4 kg o más.

La diabetes gravídica puede ser dura tanto para la madre como para el bebé. Si la diabetes gravídica no se trata, la madre y el bebé tienen mayores probabilidades de presentar los siguientes problemas.

Macrosomia

Macrosomia significa «cuerpo grande». Si el nivel de glucemia es demasiado elevado durante el embarazo, la glucosa adicional que hay en la sangre pasa al bebé. Esto hace que el bebé produzca más insulina. La glucosa y la insulina adicionales hacen que el bebé crezca y engorde más de lo normal, lo que dificulta el parto. Los bebés que son más grandes de lo normal tienen mayores probabilidades de sufrir problemas de salud y son más propensos a desarrollar diabetes en el futuro.

Hipoglucemia

La hipoglucemia es una concentración baja de glucemia. Si la glucemia de la madre está demasiado alta justo antes del parto o durante el mismo, el bebé puede tener hipoglucemia al nacer. La glucosa adicional que hay en la sangre de la madre pasa al bebé. Esto hace que éste produzca más insulina.

Después del parto, el bebé ya no recibe la glucosa adicional de la madre. La insulina adicional que produjo el bebé hace que su nivel de glucemia disminuya. La hipoglucemia del bebé puede tratarse en el hospital inmediatamente después del nacimiento.

Ictericia

Antes del nacimiento, el bebé fabrica muchos glóbulos rojos. Tras el parto, su cuerpo ya no necesita tantos glóbulos rojos y éstos se degradan. Un producto de la degradación de los glóbulos rojos es la bilirrubina. El hígado del bebé metaboliza la bilirrubina, pero si el hígado no está lo suficientemente maduro, puede tener problemas para hacerlo. Los glóbulos rojos adicionales y la bilirrubina permanecen en el organismo del bebé.

La bilirrubina da un tono amarillento a la piel del bebé. Esto se denomina ictericia. La ictericia puede tratarse en el hospital con el uso de luces especiales. Puede ser peligrosa si no se trata. Consulte al médico antes de llevarse el bebé a casa.

CUERPOS CETÓNICOS ELEVADOS

Los cuerpos cetónicos se producen cuando el organismo quema la grasa almacenada para generar energía. Una cantidad muy elevada de cuerpos cetónicos puede dañar a la madre o al bebé. Un análisis de orina al levantarse por la mañana puede indicar a la madre y al médico si ésta fabrica demasiados cuerpos cetónicos. Es más probable que los cuerpos cetónicos aumenten si la madre no come lo suficiente para ella y para el bebé. No olvide tomar todas las comidas y todos los tentempiés a las horas programadas.

PREECLAMPSIA

La preeclampsia (también denominada toxemia) es la combinación de hipertensión arterial, hinchazón de los pies y las extremidades inferiores y filtración de proteínas a la orina durante el embarazo. Otros signos comprenden dolor de cabeza, náuseas, vómitos, dolor abdominal y vista borrosa. Si no se trata, la preeclampsia puede provocar convulsiones, un estado de coma y, en ocasiones, la muerte de la madre o el bebé. El médico vigilará los indicios de preeclampsia.

INFECCIÓN URINARIA

Cuando el nivel de glucemia es elevado, hay mayores probabilidades de contraer una infección urinaria. Las infecciones urinarias suelen estar causadas por bacterias. Las bacterias crecen mejor y más rápido cuando el nivel de glucosa es elevado.

Los indicios de que existe una infección urinaria comprenden la necesidad de miccionar a menudo, dolor o escozor al miccionar, orina turbia o sanguinolenta, dolor lumbar o abdominal, fiebre y escalofríos.

CÓMO CUIDAR LA DIABETES GRAVÍDICA

Si está embarazada, hágase la prueba de la diabetes gravídica entre las semanas 24 y 28 del embarazo. Si padece esta alteración, puede que el médico le pida que se reúna con un educador en diabetes que le enseñará a:

Seguir un plan de comidas. Un plan de comidas le ayudará a evitar la hiperglucemia y la hipoglucemia.

Seguir un programa de ejercicio. El ejercicio puede ayudarle a reducir la glucemia.

Autocontrolar la glucemia. El autocontrol de la glucemia le permite saber cómo funciona su plan de cuidados de la diabetes gravídica.

Analizar la orina para determinar si hay cuerpos cetónicos. Cuanto antes detecte los cuerpos cetónicos, antes podrá impedir que empeoren. Pregunte a su médico cuándo y con qué frecuencia debe realizar los análisis.

Utilizar insulina. En presencia de diabetes gravídica, puede que el organismo no sea capaz de producir y utilizar toda la insulina que necesita para el embarazo. Quizá sea necesario inyectarse insulina. No se toman antidiabéticos orales porque pueden dañar al bebé.

Normalmente, la diabetes gravídica desaparece después de dar a luz, pero cuando una mujer ha padecido diabetes gravídica es más probable que desarrolle diabetes tipo 2 en el futuro. Hágase un análisis de glucemia (en el laboratorio) en el momento en que acuda a la consulta de su médico para la revisión de las seis semanas después del parto.

Diabetes tipo 1

En la diabetes tipo 1, el organismo deja de producir insulina o sólo produce una cantidad muy pequeña. Cuando sucede esto, hay que tomar insulina para vivir y estar sano.

Sin insulina, la glucosa no puede entrar en las células. (Éstas necesitan quemar glucosa para producir energía.) La glucosa se acumula en la sangre. Con el tiempo, las concentraciones elevadas de glucosa en la sangre pueden dañar los ojos, los riñones, los nervios, el corazón y los vasos sanguíneos.

La diabetes tipo 1 es más frecuente en los menores de 30 años. Los indicios de diabetes tipo 1 pueden aparecer de repente y ser graves.

INDICIOS DE DIABETES TIPO 1	
Micción frecuente	Cansancio
Hambre constante	Nervios de punta
Sed constante	Alteraciones del estado de ánimo
Adelgazamiento	Náuseas
Debilidad	Vómitos

CAUSAS DE DIABETES TIPO 1

Nadie sabe con certeza por qué las personas desarrollan diabetes tipo 1. Algunas nacen con genes que aumentan sus probabilidades de padecer este tipo de diabetes, pero muchas personas con estos mismos genes no desarrollan la enfermedad. Hay algo dentro o fuera del organismo que desencadena la diabetes. Los expertos todavía no saben cuál es la causa, pero están intentando averiguarlo.

La mayoría de las personas que padecen diabetes tipo 1 tienen unas concentraciones elevadas de autoanticuerpos en la sangre antes del diagnóstico inicial de la enfermedad. Los anticuerpos son proteínas que produce el organismo para destruir bacterias o virus. Los autoanticuerpos son anticuerpos que se han «vuelto malos». Atacan los propios tejidos del cuerpo. En las personas que desarrollan diabetes tipo 1, los autoanticuerpos pueden atacar la insulina o las células que la producen.

TRATAMIENTO DE LA DIABETES TIPO 1

La diabetes no tiene cura, pero se pueden adoptar algunas medidas para vivir bien y cuidar de la diabetes tipo 1. Estas medidas adoptadas para cuidar de la diabetes ayudan a mantener la glucemia dentro de un nivel adecuado:

1. Tomar insulina. Las inyecciones o las bombas de insulina reponen la insulina que el organismo ya no produce. La insulina permite que las células capten glucosa.
2. Seguir un plan de comidas saludable (véanse los apartados Alimentación saludable y Planificación de las comidas).
3. Mantenerse físicamente activo. Mantenerse activo ayuda a las células a captar glucosa.
4. Analizar la glucemia y los cuerpos cetónicos en la orina. Los autoanálisis ayudan a controlar si el plan de cuidados de la diabetes funciona bien.
5. Someterse a reconocimientos con regularidad. El equipo sanitario puede ayudar a introducir cualquier modificación necesaria en el plan de cuidados de la diabetes.

¿Y QUÉ PASA CON LAS GRANDES OSCILACIONES EN LOS NIVELES DE GLUCEMIA?

En algunas personas con diabetes tipo 1, la glucemia experimenta unas oscilaciones grandes e imprevisibles. Esto sucede porque su organismo responde de forma exagerada a los alimentos, la medicación y el estrés.

Los alimentos no se absorben al mismo ritmo cada vez que comemos. La insulina también se absorbe a ritmos diferentes. El estrés lleva a la liberación de distintas cantidades de hormonas del estrés en diferentes momentos. Estas acciones pueden provocar grandes oscilaciones de la glucemia de manera aislada o conjunta.

Si su nivel de glucemia experimenta grandes oscilaciones, revise con el equipo sanitario su dosis de insulina, la técnica, el lugar, la profundidad y las horas de inyección. Quizá tenga que mantener un registro minucioso durante un tiempo hasta que descubra qué provoca esos altibajos extremos.

Diabetes tipo 2

En la diabetes tipo 2, el organismo no produce suficiente insulina, tiene dificultades para utilizarla o ambas cosas a la vez. Una persona con diabetes tipo 2 podría inyectarse insulina, pero no depende de ella para vivir.

Si no hay suficiente insulina o si la insulina no funciona correctamente, las células no pueden utilizar la glucosa que hay en la sangre para producir energía. La glucosa permanece en la sangre, lo que puede causar hiperglucemia. Con el tiempo, la hiperglucemia puede dañar los ojos, los riñones, los nervios, el corazón y los vasos sanguíneos.

La mayoría de las personas que padecen diabetes tipo 2 son mayores de 40 años. No obstante, esta enfermedad cada vez es más

---

INDICIOS DE DIABETES TIPO 2

Micción frecuente

Sed constante

Hambre constante

Sequedad y picazón cutáneas

Visión borrosa

Hormigueo o entumecimiento en las manos o los pies

Cansancio

Debilidad

Infecciones cutáneas, gingivales, vesicales o vaginales que aparecen continuamente o se curan lentamente frecuente entre los jóvenes, incluso en los niños. A menudo, no hay indicios de la enfermedad.

CAUSAS DE LA DIABETES TIPO 2

Los expertos no saben con certeza qué provoca la diabetes tipo 2. Saben que no se puede contagiar de una persona a otra, como la gripe. También saben que no es consecuencia del consumo excesivo de azúcar. Es hereditaria. Si otros familiares padecen diabetes tipo 2, es más probable que usted la desarrolle. Sin embargo, acostumbra a ser necesario algo más para que aparezca la enfermedad.

En muchos diabéticos el desencadenante es el sobrepeso. Cuando una persona tiene sobrepeso, el organismo experimenta mayores dificultades para utilizar la insulina que produce. Esto se denomina *resistencia a la insulina.* Cuando esto sucede, el páncreas sigue produciendo insulina para reducir el nivel de glucemia, pero el organismo no responde a la insulina como debería. Al cabo de los años, el páncreas simplemente puede agotarse.

TRATAMIENTO DE LA DIABETES TIPO 2

La diabetes tipo 2 no tiene cura, pero se pueden adoptar algunas medidas para vivir bien y tratarla uno mismo. En primer lugar, tomar alimentos más saludables y hacer más ejercicio o aumentar la actividad física pueden ayudar a adelgazar.

Adelgazar puede ayudar a mantener el nivel de glucemia dentro de un intervalo más normal y a que el organismo utilice la insulina que tiene. Si esto no reduce el nivel de glucemia a las concentraciones deseadas, quizás haya que tomar antidiabéticos orales.

Los antidiabéticos orales son fármacos que reducen el nivel de glucemia. No son insulina. Si el consumo de alimentos más saludables, el aumento de la actividad y los antidiabéticos orales no reducen la glucemia, quizá haya que añadir insulina. O puede que haya que tomar insulina en lugar de antidiabéticos orales.

Para saber si sus tratamientos funcionan puede hacer dos cosas: 1) analizar su nivel de glucemia y 2) someterse a reconocimientos médicos con regularidad.

Días de enfermedad

Estar enfermo con un resfriado o la gripe puede alterar el plan de cuidados de la diabetes. Quizás el diabético no pueda comer como de costumbre o tomar los antidiabéticos o la insulina habituales. Cuando un diabético está enfermo, el nivel de glucemia puede aumentar o disminuir demasiado.

Su equipo sanitario puede ayudarle a elaborar un plan para los días de enfermedad antes de ponerse enfermo. Este plan comprenderá los medicamentos que debe tomar, lo que tiene que comer y beber, con qué frecuencia debe analizar su glucemia, cuándo tiene que llamar al profesional encargado del cuidado de su diabetes y qué debe decirle.

QUÉ MEDICAMENTOS HAY QUE TOMAR

Únicamente el profesional encargado del cuidado de su diabetes puede indicarle con certeza qué medicamentos debe tomar. Pero lo más probable es que siga usted con los antidiabéticos orales o la insulina.

Si controla la diabetes con insulina, puede que tenga que ajustar sus dosis habituales. Si la controla con una alimentación saludable y ejercicio o con antidiabéticos orales, puede que el profesional encargado del cuidado de su diabetes le mande tomar insulina cuando esté enfermo.

Usted puede optar por tomar otras clases de medicamentos para tratar su enfermedad. Algunos de ellos pueden elevar su nivel de glucemia y otros pueden reducirlo. Pregunte al médico o al farmacéutico si los medicamentos que piensa tomar afectarán a su glucemia.

Qué hay que comer y beber

Tome alimentos incluidos en el plan de comidas habitual si puede. Si no puede tomar los alimentos habituales, siga el plan de comidas para los días de enfermedad. Incluirá alimentos que le sentarán bien. Es aconsejable reservar un rincón de un armario para los alimentos destinados a los días de enfermedad.

Si tiene fiebre, vómitos o diarrea, puede perder mucho líquido. Pruebe a beber un vaso de líquido cada hora.

Si su nivel de glucemia es superior a 250 mg/dl, beba líquidos sin azúcar, como agua, té sin teína, ginger-ale sin azúcar o caldos (de pollo, ternera o verduras).

Si su nivel de glucemia es inferior a 250 mg/dl, beba líquidos que contengan aproximadamente 15 g de hidratos de carbono (véase a continuación la lista de alimentos y bebidas para los días de enfermedad).

Alimentos y bebidas que contienen aproximadamente 15 g de hidratos de carbono para los días de enfermedad

6 galletitas saladas	1/2 taza de cereales cocidos
5 galletas de barquillo de vainilla	1/2 taza de puré de patatas
3 galletas integrales de salvado	1/3 de taza de arroz cocido
1 tostada o rebanada de pan	3/4 de taza de yogur natural
1 taza de sopa	1/3 de taza de yogur helado
1 taza de leche desnatada	1/4 de taza de sorbete
1 taza de bebida para deportistas	1/2 taza de compota de manzana, sin azúcar
1/3 de taza de zumo de frutas	
1/2 taza de gelatina normal	1/4 de taza de budín
1/2 taza de helado	1/2 taza de fruta en conserva

CON QUÉ FRECUENCIA HAY QUE ANALIZAR LA GLUCEMIA Y LOS CUERPOS CETÓNICOS EN LA ORINA

Normalmente, cuando el diabético está enfermo, hay que analizar la glucemia y los cuerpos cetónicos en la orina más a menudo. El plan para los días de enfermedad elaborado con el equipo sanitario indicará la frecuencia de los análisis.

En la diabetes tipo 1, puede que haya que analizar la glucemia y los cuerpos cetónicos cada tres o cuatro horas. En la diabetes tipo 2, puede que haya que analizar la glucemia cuatro o cinco veces al día.

CUÁNDO HAY QUE LLAMAR AL PROFESIONAL SANITARIO

Llame al profesional sanitario cuando:

- Lleve enfermo más de dos días y no mejore.
- Lleve más de seis horas con vómitos o diarrea.
- Su glucemia se mantenga por encima de 250 mg/dl.
- Su glucemia se mantenga por debajo de 60 mg/dl.
- Tenga una cantidad moderada o elevada de cuerpos cetónicos en la orina.

• Tenga cualquiera de estos indicios: dolor torácico, dificultades para respirar, aliento con olor a fruta, o labios o lengua secos y agrietados.
• No esté seguro de qué tiene que hacer para tratarse.

Qué hay que decirle al profesional sanitario

Lleve registros escritos para poder decirle al profesional encargado del cuidado de su diabetes:

• Cuánto tiempo lleva enfermo.
• Qué medicamentos ha tomado y en qué cantidad.
• Si ha podido comer y beber y cuánto.
• Si tiene vómitos o diarrea.
• Si ha adelgazado.
• Su temperatura.
• Su nivel de glucemia.
• Sus concentraciones de cuerpos cetónicos.

Hay que saber cómo ponerse en contacto con los miembros del equipo sanitario o el personal de guardia durante los fines de semana, las vacaciones y por la noche. Si tiene que hablar con alguien que no forma parte del equipo, no olvide decirle que es diabético.

¿Y qué pasa con el ejercicio?

Si practica ejercicio cuando está enfermo, su nivel de glucemia puede aumentar o disminuir demasiado. Puede que tarde más tiempo en recuperarse. Incluso puede contraer una bronquitis o una neumonía. No haga ejercicio cuando esté enfermo.

Pregunte al profesional encargado del cuidado de su diabetes cuándo puede volver a practicar ejercicio sin peligro. Puesto que después de una enfermedad puede estar menos en forma, reanude el programa de ejercicio con cuidado. Podría probar a hacer ejercicio con menor intensidad, durante menos tiempo o menos días.

Dietas vegetarianas

Las dietas vegetarianas se basan en alimentos de origen vegetal. Éstos comprenden las frutas, las verduras, los cereales, las legumbres (alubias, garbanzos y lentejas), los frutos secos y las semillas. Los alimentos de origen vegetal no contienen colesterol. La mayoría de ellos son bajos en grasas y calorías. Todos son ricos en fibra, vitaminas y minerales.

Una dieta vegetariana puede ser una opción saludable para los diabéticos. Los vegetarianos tienen menores probabilidades de presentar sobrepeso, concentraciones elevadas de colesterol o hipertensión arterial. También es menos probable que desarrollen cardiopatía, alteración de los vasos sanguíneos, cáncer de colon o pulmón, u osteoporosis.

Las personas con diabetes tipo 1 que siguen una dieta vegetariana pueden necesitar menos insulina. Las personas con diabetes tipo 2 que se convierten en vegetarianas pueden adelgazar, y esto ayuda a mejorar el control glucémico.

¿INGERIRÉ SUFICIENTES PROTEÍNAS?

Muchas personas que se plantean seguir una dieta vegetariana se preguntan si ingerirán suficientes proteínas. Pero no tienen por qué preocuparse. La mayoría de los vegetarianos pueden obtener todas las proteínas que necesitan a partir de cereales, legumbres, frutos secos y semillas ricos en proteínas. Otros vegetarianos también obtienen las proteínas de ciertos alimentos de origen animal, como los productos lácteos desnatados, el pescado, el marisco y las aves.

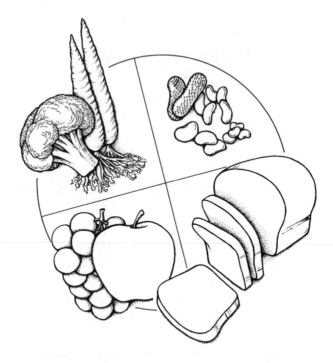

Un plan de comidas saludable contiene alimentos de distintos grupos.

CLASES DE VEGETARIANOS

Un vegetariano come alimentos de origen animal o no según la clase de vegetariano que es. Existen cinco clases de vegetarianos: vegetariano estricto, lactovegetariano, ovovegetariano, ovolactovegetariano y semivegetariano.

PROBAR UNA DIETA VEGETARIANA

Si quiere probar una dieta vegetariana, hable con un dietista. Éste puede ayudarle a sustituir los alimentos que quiere eliminar de su plan de comidas. También puede ayudarle a asegurarse de que ingiere todos los nutrientes (vitaminas, minerales, proteínas, grasas e hidratos de carbono) que su organismo necesita. He aquí algunas sugerencias para «hacerse vegetariano»:

CLASES DE VEGETARIANOS		
Clase	Come	No come
Vegetariano estricto	Frutas, verduras, legumbres, cereales, frutos secos, semillas	Carne, pescado, marisco, aves, productos lácteos, huevos
Lacto-vegetariano	Frutas, verduras, legumbres, cereales, frutos secos, semillas, productos lácteos	Carne, pescado, marisco, aves, huevos
Ovo-vegetariano	Frutas, verduras, legumbres, cereales, frutos secos, semillas, huevos	Carne, pescado, marisco, aves, productos lácteos
Ovolacto-vegetariano	Frutas, verduras, legumbres, cereales, frutos secos, semillas, huevos, productos lácteos	Carne, pescado, marisco, aves
Semi-vegetariano	Frutas, verduras, legumbres, cereales, frutos secos, semillas, huevos, productos lácteos, pescado, marisco, aves	Carne

- Empiece tomando sólo una comida vegetariana por semana durante varias semanas. Al principio, limítese a alimentos conocidos, como los espagueti con salsa de tomate.
- Lea libros de cocina vegetariana para coger ideas de recetas.
- Pruebe a comer en un restaurante vegetariano. Puede que le sorprenda la variedad de platos apetitosos que encontrará.
- Tome menos carne, aves, pescado y marisco en las comidas. La cantidad ideal son 85 g, aproximadamente el tamaño de una baraja de cartas.
- Corte la carne a dados o tiras y añádalos a una ensalada o un plato a base de cereales.
- Tome más cereales, legumbres y vegetales en sus comidas.
- Pruebe a comer alubias cocidas en lugar de parte de la carne del chile con carne, los platos fritos, los estofados y los guisos.
- No olvide que sustituir la carne por proteínas vegetales, como las alubias, aumentará la cantidad de hidratos de carbono ingerida. Asegúrese de analizar su nivel de glucemia y trabaje con el médico y el dietista durante el proceso.

Dietista

Un dietista es un experto en alimentos y nutrición. Los alimentos son un elemento clave en el cuidado de la diabetes. Un dietista puede ayudar a determinar las necesidades alimentarias según el peso, el estilo de vida, los antidiabéticos orales o la insulina, otros fármacos y los objetivos de salud de cada persona. Los dietistas pueden enseñar muchas técnicas útiles, entre ellas cómo:

- Elaborar un plan de comidas.
- Utilizar un plan de comidas.
- Incorporar los alimentos favoritos al plan de comidas.
- Elaborar un plan de comidas para los días de enfermedad.
- Leer el etiquetado de los alimentos.
- Escoger sabiamente al hacer la compra.
- Escoger sabiamente los platos de las cartas de los restaurantes.
- Convertir una receta grasa en una baja en grasas.
- Encontrar libros de cocina y guías alimentarias saludables.
- Averiguar cómo afectan los alimentos ingeridos a las concentraciones de lípidos.
- Averiguar cómo afectan los alimentos ingeridos a los niveles de glucemia.
- Tratarse la hipoglucemia uno mismo.
- Utilizar los registros de glucemia para mejorar las opciones alimentarias.

Cuando el peso, el estilo de vida, las necesidades médicas o los objetivos de salud varían, es muy probable que las necesidades alimentarias también varíen. El dietista puede ayudar a adaptar el plan de comidas a esas variaciones.

La American Diabetes Association recomienda que todos los adultos que padecen diabetes vayan al dietista cada seis meses, o al menos una vez al año.

AL BUSCAR UN DIETISTA

En Estados Unidos se pueden ver las iniciales RD detrás del nombre del dietista. RD significa dietista diplomado. Un dietista diplomado cumple las normas establecidas por The American Dietetic Association. También puede tener una licenciatura.

Asimismo, podría ver las iniciales LD después del nombre de un dietista. LD significa dietista autorizado. En Estados Unidos, muchos Estados exigen que los dietistas posean una licencia para ejercer.

Busque un dietista que haya trabajado con diabéticos. Las siglas CDE después del nombre de un dietista significan que ha recibido formación y está al día acerca del cuidado y el tratamiento de la diabetes. CDE significa educador en diabetes certificado.

Su médico o los hospitales de la zona quizá podrán recomendarle un dietista. También puede consultar la página www.eatright.org

Ejercicio aeróbico

Los ejercicios aeróbicos son los que utilizan el corazón, los pulmones, los brazos y las piernas. Ejercitando estas partes del cuerpo se puede mejorar el flujo sanguíneo, reducir el riesgo de cardiopatía y reducir la tensión arterial. También pueden reducirse el colesterol LDL y los triglicéridos y elevar el colesterol HDL (el bueno).

Al practicar ejercicios aeróbicos, respiramos más intensamente y el corazón late más deprisa. Esto aumenta la resistencia y la energía. Puede que el ejercicio aeróbico ayude a dormir mejor, disminuya el estrés, equilibre las emociones y mejore la sensación de bienestar.

El ejercicio aeróbico no sólo es bueno para la salud, sino también para la diabetes. Este tipo de ejercicio contribuye a que la acción de la insulina sea más eficaz, reduce la grasa corporal y ayuda a adelgazar. Si todavía no practica ejercicio, posiblemente el médico le aconsejará que empiece a hacerlo.

Qué hacer antes de empezar

Hay que consultar al médico antes de empezar a practicar cualquier ejercicio. Puede que éste quiera realizar algunas pruebas para comprobar el estado del corazón, los vasos sanguíneos, los ojos, los pies y los nervios. Quizá también se determinarán la tensión arterial, las concentraciones sanguíneas de grasas, las concentraciones de A1C y la grasa corporal. Su equipo sanitario puede enseñarle a adaptar el plan de cuidados de la diabetes al programa de ejercicio.

Qué ejercicios aeróbicos hay que practicar

Algunos ejercicios pueden empeorar los problemas del corazón, los ojos, los pies o los nervios. Pregunte al médico o a un fisiólogo del ejercicio qué clases de ejercicios puede realizar sin peligro. De éstos, escoja algunos que crea que podrían gustarle. Luego, aprenda a hacer cada uno de ellos correctamente.

Ejemplos de ejercicios aeróbicos

- Clases o cintas de vídeo de aeróbic.
- Ir en bicicleta.
- Bailar.
- Jogging.
- Correr.
- Saltar a la cuerda.
- Remar.
- Patinar (sobre ruedas, sobre hielo, en línea).
- Esquiar (alpino, nórdico).
- Subir escaleras.
- Nadar.
- Caminar.
- Ejercicios acuáticos.

Duración y frecuencia del ejercicio

Si acaba de empezar a practicar ejercicio después de un período prolongado de poca o prácticamente ninguna actividad, empiece con 5 minutos. Vaya aumentando la duración hasta hacer sesiones breves de ejercicio que sumen como mínimo 30 minutos al día. Por ejemplo, podría intentar caminar a paso ligero o subir escaleras durante 10 minutos tres veces al día o durante 15 minutos dos veces al día.

Es poco probable que 15 minutos de ejercicio al día mejoren su salud. Aumente gradualmente la duración hasta hacer de 20 a 60 minutos de ejercicio aeróbico ininterrumpido de tres a cinco veces por semana. Estos 20-60 minutos de ejercicio aeróbico no comprenden el calentamiento ni la relajación.

Los ejercicios de calentamiento aumentarán lentamente la frecuencia cardíaca, calentarán los músculos y ayudarán a evitar lesiones. Los ejercicios de relajación disminuirán la frecuencia cardíaca y enlentecerán la respiración. Hay que calentar de 5 a 10 minutos antes del ejercicio aeróbico y relajar de 5 a 10 minutos después del mismo. Para calentar o relajarse, pueden hacerse estiramientos suaves, caminar o pedalear lentamente.

INTENSIDAD DEL EJERCICIO

El médico o el especialista en ejercicio puede establecer la intensidad del ejercicio mediante el número de pulsaciones. Esta cifra es un porcentaje de la frecuencia cardíaca máxima, que indica la capacidad de esfuerzo. Puede oscilar entre el 55 % y el 79 %. He aquí un método sencillo para calcular el número de pulsaciones.

CÓMO CALCULAR EL INTERVALO DE PULSACIONES

Reste su edad de 220 para calcular su frecuencia cardíaca máxima (FCmáx).	(Ejemplo para una persona de 40 años)
220 - su edad = FCmáx	220 - 40 años = 180
Multiplique su FCmáx por 55 % y 79 % para calcular su intervalo en latidos por minuto (o 55 % y 65 % si acaba de empezar a practicar ejercicio).	
FCmáx x 0,55 = límite inferior del intervalo	180 x 0,55 = 108
FCmáx x 0,79 = límite superior del intervalo	180 x 0,79 = 144
Divida los resultados de los límites de su intervalo (latidos por minuto) por 6 para calcular el número de pulsaciones por cada 10 segundos.	
Límite inferior del intervalo ÷ 6 = número de pulsaciones mínimo por cada 10 segundos	108 ÷ 6 = 18
Límite superior del intervalo ÷ 6 = número de pulsaciones máximo por cada 10 segundos	144 ÷ 6 = 24

Así pues, con esta fórmula sencilla vemos que un varón de 40 años tendría un intervalo de entre 18 y 24 latidos cada 10 segundos.

Si padece neuropatía o toma ciertos antihipertensivos, el corazón puede latir más despacio. Consulte con el médico. Si el corazón le late más despacio, la frecuencia cardíaca no será una buena guía para determinar la intensidad del ejercicio. En lugar de esto, practique ejercicio a un nivel de esfuerzo que considere moderado. Moderado significa ni demasiado intenso ni demasiado relajado. Tiene que poder hablar mientras practica ejercicio.

INDICIOS DE QUE EL EJERCICIO ES DEMASIADO INTENSO

- No puede hablar durante el ejercicio.
- Sus pulsaciones superan la cifra que intenta mantener.
- Considera su nivel de esfuerzo intenso o muy intenso.

CUÁNDO HAY QUE ANALIZAR LA GLUCEMIA

Normalmente, el ejercicio reduce la glucemia, pero si el nivel de glucemia es elevado antes de empezar, el ejercicio puede aumentarlo todavía más.

Si toma insulina o ciertos antidiabéticos orales (sulfonilureas, meglitinidas), el ejercicio puede provocar un descenso excesivo de la glucemia. La mejor manera de averiguar cómo afecta el ejercicio a la glucemia es realizar un análisis antes y después de practicar ejercicio.

Analizar la glucemia dos veces antes de practicar ejercicio. Realice un análisis 30 minutos antes del ejercicio y otro justo antes de empezar. Esto le indicará si la glucemia aumenta, se mantiene estable o disminuye. Si está por encima de 250-300 mg/dl y sigue aumentando, hay que esperar a que se estabilice. Si disminuye rápidamente y está por debajo de 100 mg/dl, quizá sea necesario un tentempié adicional para que se estabilice. Una vez estabilizada, puede iniciarse el ejercicio.

Estar preparado para analizar la glucemia durante el ejercicio. A veces, puede interrumpirse el ejercicio para analizar la glucemia, como por ejemplo:

- Cuando se prueba un ejercicio por primera vez y se quiere comprobar cómo afecta a la glucemia.
- Cuando se cree que la glucemia podría estar disminuyendo demasiado.
- Cuando va a practicarse ejercicio durante más de una hora (hay que realizar un análisis cada 30 minutos).

Analizar la glucemia después de practicar ejercicio. Al hacer ejercicio, el organismo utiliza la glucosa almacenada en los músculos y el hígado. Después del ejercicio, el cuerpo extrae glucosa de la sangre y la devuelve a los músculos y al hígado. Esto puede durar de 10 a 24 horas. Durante este período, la glucemia puede disminuir demasiado.

CUÁNDO HAY QUE TOMAR TENTEMPIÉS

Según la intensidad y la duración del ejercicio, quizás habrá que tomar tentempiés adicionales. Un tentempié puede consistir en una pieza de fruta, media taza de zumo, medio bollo o un panecillo pequeño, que proporcionan unos 15 g de hidratos de carbono. Comente con el dietista qué tentempiés son buenos para su salud y cuál es el mejor momento para tomarlos. Si toma insulina o ciertos antidiabéticos orales (sulfonilureas, meglitinidas), quizá tendrá que tomar un tentempié antes, durante o después de practicar ejercicio:

1. *Si su glucemia es inferior a 100 mg/dl antes del ejercicio*: quizá tendrá que tomar un tentempié adicional antes de empezar.
2. *Si su glucemia se encuentra entre 100 mg/dl y 150 mg/dl antes del ejercicio y va a practicar ejercicio durante más de una hora*: tendrá que tomar 15 g de hidratos de carbono cada 30 minutos o cada hora.
3. *Si su glucemia se encuentra entre 100 mg/dl y 250 mg/dl antes del ejercicio y va a practicar ejercicio durante menos de una hora*: probablemente no necesitará tomar un tentempié adicional antes de empezar.
4. *Si su glucemia es inferior a 100 mg/dl durante el ejercicio*: quizá tendrá que tomar un tentempié adicional durante el ejercicio.

5. *Si su glucemia es inferior a 100 mg/dl después del ejercicio*: quizá tendrá que tomar un tentempié adicional después del ejercicio.

Qué hay que beber y cuándo

El ejercicio hace sudar. Sudar significa eliminar líquidos. Para reponer los líquidos eliminados no hay que olvidar beber después del ejercicio o durante el mismo si es intenso.

Normalmente el agua es la mejor opción, pero si se practica ejercicio durante mucho tiempo, es aconsejable tomar una bebida que contenga hidratos de carbono. Hay que elegir bebidas que no contengan más de un 10 % de hidratos de carbono, como las bebidas para deportistas o los zumos de frutas diluidos (media taza de zumo de frutas, media taza de agua).

Cuándo hay que hacer ejercicio

Un buen momento para practicar ejercicio es transcurridas de una a tres horas desde la última comida o el último tentempié. Los alimentos ingeridos ayudarán a impedir que la glucemia disminuya demasiado, pero puede que no ocurra así si se utiliza insulina de acción rápida. En este caso, hay que decidir con el equipo sanitario cuál es el momento adecuado para practicar ejercicio.

Cuándo no hay que hacer ejercicio

- Cuando la glucemia se mantiene por encima de 300 mg/dl.
- Cuando se alcanza el efecto máximo de la insulina o los antidiabéticos orales.
- Cuando hay cuerpos cetónicos en la orina.
- Cuando hay entumecimiento, hormigueo o dolor en los pies o las piernas.
- Cuando falta el aire.
- Cuando se está enfermo.
- Cuando hay una lesión grave.

- Cuando se produce un mareo.
- Cuando se tienen náuseas.
- Cuando hay dolor/opresión en el tórax, el cuello, los hombros o la mandíbula.
- Cuando se tiene vista borrosa o puntos ciegos.

Hay que notificar cualquier síntoma extraño al equipo sanitario.

Ejercicio, flexibilidad

La flexibilidad indica cuánto pueden estirarse los músculos alrededor de las articulaciones sin rigidez, resistencia ni dolor. Los músculos y las articulaciones flexibles tienen menores probabilidades de sufrir una lesión cuando se utilizan.

Una de las mejores maneras de aumentar la flexibilidad es realizar estiramientos cada día. Hay que hacer algunos estiramientos a lo largo del día para aliviar la tensión muscular y el estrés. Los estiramientos deben formar parte del programa de ejercicio.

Existen muchos estiramientos diferentes. Los encontrará en libros, vídeos y en las clases de gimnasia. He aquí algunos estiramientos que puede probar. Pero primero, algunas reglas.

REGLAS PARA REALIZAR ESTIRAMIENTOS

- Moverse lenta y suavemente.
- Acordarse de respirar.
- No saltar.
- Relajarse y liberar toda la tensión.
- Estirar sólo hasta donde se pueda sin sentir dolor.
- Mantener el estiramiento como mínimo de 10 a 20 segundos.

Estiramiento de la pantorrilla. Póngase de pie de cara a la pared a unos 30 cm de distancia. Coloque un pie delante del otro con los dedos mirando hacia adelante. Mantenga toda la planta de los pies sobre el suelo. Doble la rodilla de la pierna adelantada. Inclínese lentamente hacia adelante y apoye los antebrazos en la pared. Presione contra el suelo con el talón del pie de atrás. Repita el ejercicio con la otra pierna.

Estiramiento del cuádriceps (parte frontal del muslo). Póngase de pie con las piernas ligeramente dobladas. Levante un pie del suelo y doble esa pierna hacia atrás. Sujete la pierna doblada con una mano por el tobillo. Es aconsejable que se agarre a algo con la otra mano para mantener el equilibrio. Tire suavemente del pie para llevar el talón hacia las nalgas y mantenga la posición. Vuelva a la posición inicial. Repita el ejercicio con la otra pierna.

Estiramiento de los isquiotibiales (parte posterior del muslo). Estírese boca arriba. Doble las rodillas con los pies en el suelo. Levante una pierna. Manténgala ligeramente doblada. Sujétela por el muslo justo por encima de la rodilla con ambas manos. Sin soltar la pierna, intente estirarla. Relaje. Vuelva a estirarla y relaje. Repita el ejercicio con la otra pierna.

Estiramiento de la espalda y las caderas. Siéntese con una pierna extendida hacia adelante. Doble la otra pierna. Cruce la pierna doblada por encima de la pierna extendida y coloque el pie de la pierna doblada en el suelo junto a la rodilla de la pierna extendida. Respire. Lentamente, gire la parte superior del cuerpo en dirección

Estiramiento de la pantorrilla.   *Estiramiento del cuádriceps.*

a la pierna extendida. Siga girando la cabeza para mirar hacia atrás. Mantenga los hombros relajados y la barbilla recta. Coloque el codo del brazo más próximo a la rodilla doblada en la cara interior de esa rodilla para apoyarse. Lentamente, relaje la zona y deje las dos piernas apoyadas en el suelo. Repita el ejercicio en el otro lado.

Estiramiento de los isquiotibiales (parte posterior del muslo).

Estiramiento de la espalda y las caderas.

Estiramiento de la región lumbar. Estírese boca arriba. Acerque las rodillas al pecho. Abrace las rodillas. Llévese las rodillas al pecho y presione la región lumbar contra el suelo. Suelte los brazos. Baje las piernas al suelo.

Estiramiento de los hombros y el tórax. Entrelace los dedos de las manos por detrás de la espalda. Levante los brazos. Mantenga la posición. Respire. Lentamente, baje los brazos y suelte las manos.

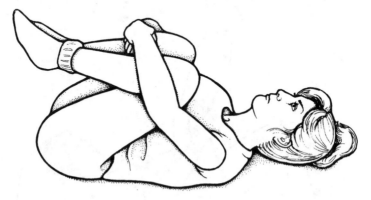

Estiramiento de la región lumbar.

Estiramiento de los hombros y el tórax.

Estiramiento de los brazos. Levante los brazos por encima de la cabeza. Entrelace los dedos de las manos con las palmas hacia arriba. Estire los brazos hacia arriba.

Estiramiento del cuello. Ponga la cabeza centrada entre los hombros mirando al frente. Mire al suelo. Baje la cabeza hacia el pecho lentamente. Vuelva al centro. Mire por encima de un hombro. Vuelva al centro. Mire por encima del otro hombro. Repita el ejercicio lentamente.

Estiramiento de los brazos.

Estiramiento del cuello 1.

Estiramiento del cuello 2.

Si quisiera un mayor desafío para los músculos y las articulaciones, plantéese practicar alguna de estas actividades que fomentan la flexibilidad:

- Ballet.
- Pilates.
- Artes marciales.
- Baile moderno.
- Yoga (véase el apartado Yoga).
- Aeróbic acuático.

Antes de intentar realizar cualquiera de estos ejercicios de flexibilidad, consulte con el médico. Algunos movimientos pueden ser peligrosos para usted.

La mejor manera de aprender estos ejercicios de flexibilidad es con un instructor. Muchos centros ofrecen clases para principiantes. Con frecuencia, los centros recreativos de la comunidad ofrecen clases a buen precio.

Si está pensando en ir a clase, es aconsejable que presencie una sesión como mínimo antes de inscribirse. También sería aconsejable que preguntara si el profesor tiene experiencia con diabéticos.

Ejercicio, resistencia

Los ejercicios de resistencia son aquellos en que se hacen trabajar los músculos contra un peso. Este tipo de ejercicios comprende el uso de máquinas de pesas, gomas, pelotas medicinales o pelotas de estabilidad; el levantamiento de pesas libres; la práctica de la calistenia, o las tablas de gimnasia.

MÁQUINAS DE PESAS

Las máquinas de pesas permiten variar el peso que se quiere levantar, bien colocando un perno en una pila de pesas, bien girando una válvula que controla la presión líquida. Algunas marcas muy conocidas de máquinas de pesas son Nautilus, Universal y Cybex.

PESAS LIBRES

Las pesas libres no están acopladas a ningún aparato. Comprenden las mancuernas y las halteras. Una mancuerna es una barra corta que puede levantarse con una mano. Una haltera es una barra larga que se levanta con ambas manos.

CALISTENIA

En la calistenia, el peso que se utiliza es el propio cuerpo. La calistenia comprende flexiones de brazos, dominadas, abdominales, levantamientos de pierna y sentadillas. Los músculos pueden ejercitarse más intensamente con el uso de muñequeras y tobilleras con peso o con el uso de gomas.

TABLAS DE GIMNASIA

Las tablas de gimnasia implican realizar un circuito de ejercicios. En cada parada del circuito, se realiza un ejercicio distinto. Se puede utilizar una máquina de pesas, levantar pesas libres, hacer un ejercicio aeróbico o practicar la calistenia. Después de terminar un ejercicio, se hace una breve pausa antes de pasar al siguiente.

¿POR QUÉ HAY QUE HACER EJERCICIOS DE RESISTENCIA?

Los ejercicios de resistencia incrementan la fuerza y la flexibilidad de los músculos, así como la resistencia de los huesos. Los músculos y los huesos fuertes tienen menores probabilidades de lesionarse. Cuanto más fuerte es una persona, más fáciles le resultan las tareas físicas cotidianas y mayor es el tiempo durante el que puede permanecer activa sin cansarse.

QUÉ HACER ANTES DE EMPEZAR

Ir al médico. Hable con el médico antes de empezar a practicar ejercicios de resistencia. Puede que algunos ejercicios le vayan mejor que otros. Algunos pueden ser peligrosos para usted.

Elegir los ejercicios. Cuando sepa el tipo de ejercicios que puede realizar sin peligro, escoja de ocho a diez ejercicios distintos. No olvide escoger ejercicios que hagan trabajar las piernas y las caderas, el pecho, la espalda, los hombros, los brazos y el abdomen. La idea es ejercitar todos los grupos musculares. Quizá su equipo sanitario podrá ayudarle a elegir los ejercicios.

Aprender a realizar los ejercicios. Una vez escogidos los ejercicios, aprenda a hacerlos correctamente. Si los hace de manera incorrecta, podría sufrir una lesión. Si los ejercicios que ha escogido exigen el uso de aparatos nuevos para usted, aprenda a utilizarlos y ajustarlos. Asimismo, averigüe cómo hay que utilizar cualquier equipo de seguridad que acompañe al ejercicio.

Cómo fortalecer los músculos con pesas o calistenia

Al igual que con cualquier otro ejercicio, hay que calentar de 5 a 10 minutos antes de empezar y relajar de 5 a 10 minutos antes de terminar. Pruebe a realizar unos estiramientos suaves y a caminar o pedalear lentamente.

Tras el calentamiento, empiece con sólo una serie de cada ejercicio. Una serie es el número de veces que se repite un ejercicio antes de descansar. Haga que un especialista del ejercicio le ayude a calcular cuántas repeticiones debe realizar de cada ejercicio. He aquí algunas directrices generales:

1. *Si el ejercicio de resistencia le resulta fácil*: haga de 15 a 20 repeticiones. Descanse 1 minuto o menos entre cada serie.
2. *Si el ejercicio de resistencia no le resulta demasiado difícil*: haga de 8 a 12 repeticiones. Descanse 1 o 2 minutos entre cada serie.
3. *Si el ejercicio de resistencia le resulta difícil*: haga de 2 a 6 repeticiones. Descanse de 3 a 5 minutos entre cada serie.

No olvide que hay que empezar con sólo una serie. Conforme se adquiera resistencia, se podrán realizar más series. Hay que avanzar paso a paso hasta hacer dos o tres series de cada ejercicio. En cuanto se hacen dos o tres series con facilidad, ya se está preparado para incrementar la dificultad del ejercicio añadiendo más peso.

Otra cosa que no hay que olvidar es que los músculos deben moverse en toda su amplitud de movimientos. Esto aumenta la flexibilidad. Un músculo que sólo se mueve hasta la mitad de su recorrido pierde flexibilidad. ¡Y no deje de respirar! Inspire al bajar.

Expulse el aire al subir. Si no le gusta este modo de respirar, entonces respire con normalidad.

DURACIÓN Y FRECUENCIA DEL EJERCICIO

Los ejercicios de resistencia deben realizarse durante 20 o 30 minutos dos o tres veces por semana. Hay que dejar un día de descanso cuando se practiquen los mismos ejercicios de resistencia. Para fortalecerse, los músculos necesitan descanso además de ejercicio.

Embarazo

La mayoría de las diabéticas tienen bebés sanos. Con frecuencia, el mayor temor de las diabéticas es que el bebé pueda tener diabetes. De hecho, hay pocas probabilidades de que su bebé padezca esta enfermedad.

PROBABILIDADES DE QUE UN BEBÉ TENGA DIABETES

1. *Si la madre tiene diabetes tipo 1*: el bebé tiene una probabilidad del 1 al 3 % de padecer diabetes tipo 1.
2. *Si el padre tiene diabetes tipo 1*: el bebé tiene una probabilidad del 3 al 6 % de padecer diabetes tipo 1.
3. *Si la madre o el padre desarrolla diabetes tipo 2 después de los 50 años*: el bebé tiene una probabilidad del 7 % de padecer diabetes.
4. *Si la madre o el padre desarrolla diabetes tipo 2 antes de los 50 años*: el bebé tiene una probabilidad del 14 % de padecer diabetes.

Aunque puede que el bebé no desarrolle diabetes, existen otros posibles riesgos para la salud del bebé y de la madre.

HIPERGLUCEMIA

Uno de los grandes riesgos para la madre y el bebé es la hiperglucemia. Ésta puede provocar anomalías congénitas, macrosomia (véase más adelante) e hipoglucemia en el bebé, así como infecciones urinarias en la madre.

Anomalías congénitas. La hiperglucemia durante las primeras ocho semanas de embarazo puede provocar anomalías congénitas. Durante estas semanas se forman los órganos del bebé.

Las anomalías congénitas pueden afectar a cualquier órgano del bebé. Los más afectados son el corazón, la médula espinal, el cerebro y los huesos. Puesto que la madre es diabética, es más probable que las anomalías congénitas sean graves y provoquen abortos espontáneos.

Macrosomia. Significa «cuerpo grande». Si el nivel de glucemia de la madre es muy elevado durante el embarazo, el bebé puede crecer y engordar más de lo normal. Esto dificulta el parto. Los bebés más grandes de lo normal tienen mayores probabilidades de sufrir problemas de salud.

Hipoglucemia. La hiperglucemia justo antes o en el transcurso del parto puede hacer que el bebé tenga hipoglucemia al nacer.

Infecciones urinarias. Cuando la glucemia de la madre es elevada durante el embarazo, es más probable que contraiga una infección urinaria. Estas infecciones suelen estar causadas por bacterias. Las bacterias crecen mucho mejor y más deprisa si el nivel de glucosa es elevado.

Los indicios de que existe infección urinaria son: necesidad de miccionar con frecuencia, dolor o escozor al miccionar, una orina turbia o sanguinolenta, dolor lumbar o abdominal, fiebre y escalofríos, entre otros.

CUERPOS CETÓNICOS ELEVADOS

Cuando el organismo quema la grasa almacenada para generar energía se producen cuerpos cetónicos. La presencia de una cantidad elevada de cuerpos cetónicos puede dañar a la madre o al bebé. Es más probable que se acumulen cuerpos cetónicos si la madre no come ni bebe lo suficiente para ella y para el bebé. No olvide tomar todas las comidas y los tentempiés a las horas programadas.

ANTIDIABÉTICOS ORALES

Durante el embarazo no se utilizan antidiabéticos orales porque pueden provocar anomalías congénitas e hipoglucemia en el bebé. Si toma antidiabéticos orales, deje de tomarlos antes de quedarse embarazada y durante el embarazo.

Puede que el médico tenga que cambiarle los antidiabéticos orales por insulina. Quizá necesite insulina desde el principio del embarazo o sólo al final. O puede que no necesite insulina en absoluto.

PREECLAMPSIA

La preeclampsia (también denominada toxemia) es la combinación de hipertensión arterial, hinchazón de los pies y las extremidades inferiores y filtración de proteínas en la orina durante el embarazo. Otros indicios son dolor de cabeza, náuseas, vómitos, dolor abdominal y vista borrosa. Si no se trata, la preeclampsia puede provocar convulsiones, un estado de coma e incluso la muerte de la madre o del bebé. El médico vigilará los indicios de preeclampsia.

POLIHIDRAMNIOS

El polihidramnios es un exceso de líquido amniótico en el útero. Los indicios de polihidramnios son dolor abdominal, un útero mayor de lo normal, dificultad para respirar e hinchazón de las piernas. El polihidramnios puede provocar un parto prematuro. El médico vigilará los indicios de polihidramnios.

Cómo garantizar la salud del bebé

Tener bien controlado el nivel de glucemia antes del embarazo. Si la glucemia está mal controlada, hay que intentar controlarla adecuadamente de tres a seis meses antes de tener previsto quedarse embaraza. Si espera a saber que está embarazada, el bebé ya podría estar afectado.

Mantener la glucemia bien controlada durante el embarazo. Esto exigirá análisis de glucemia más frecuentes (a veces hasta ocho análisis al día). El mantenimiento de un buen control reducirá el riesgo de problemas para la embarazada y el bebé. También facilitará a la embarazada y al equipo sanitario el ajuste de la dosis de insulina y/o el plan de comidas.

Analizar la orina para determinar si hay cuerpos cetónicos cada mañana. Si la embarazada tiene una cantidad de moderada a elevada de cuerpos cetónicos en la orina, debe ponerse en contacto con el médico inmediatamente. Puede que tenga que modificar el plan de comidas o la dosis de insulina.

Ponerse en forma antes de quedarse embarazada. Practicar ejercicio antes del embarazo puede incrementar la resistencia, ayudar a reducir el nivel de glucemia, adelgazar, y aumentar la fuerza y la flexibilidad.

Hacer ejercicio durante el embarazo. El embarazo no es el momento adecuado para iniciar un programa de ejercicio vigoroso, pero es muy probable que la embarazada pueda seguir practicando el ejercicio que realizaba habitualmente antes del embarazo. Si no hacía ejercicio con regularidad anteriormente, debe preguntar al médico qué ejercicios son seguros para ella y el bebé. Algunos ejercicios buenos para las embarazadas son caminar, el aeróbic de bajo impacto, la natación y el aeróbic acuático.

Seguir el plan de comidas del embarazo. El plan de comidas del embarazo está destinado a ayudar a la embarazada a evitar la hiperglucemia y la hipoglucemia proporcionando al mismo tiempo lo que el bebé necesita para crecer. Normalmente lo necesario son tres comidas y tres tentempiés al día. De vez en cuando, puede que deba tomarse un tentempié en mitad de la noche. Incluso puede que la embarazada tenga que ir al dietista aproximadamente cada tres meses durante el embarazo para actualizar el plan de comidas en función de las necesidades cambiantes de su organismo y del bebé.

Enfermedades oculares

Los diabéticos tienen mayores probabilidades de padecer una enfermedad ocular que las personas que no padecen diabetes. Las tres principales enfermedades oculares que afectan a los diabéticos son la retinopatía, las cataratas y el glaucoma. De las tres, la retinopatía es la más habitual.

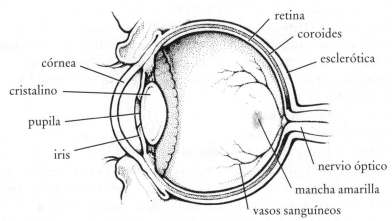

Sección transversal del ojo.

RETINOPATÍA

La retina es el revestimiento de la parte posterior del ojo que percibe la luz. Los vasos sanguíneos de pequeño tamaño transportan oxígeno a la retina. La retinopatía daña los vasos sanguíneos pequeños que se encuentran en ella. Los dos tipos principales de retinopatía se denominan no proliferativa y proliferativa.

RETINOPATÍA NO PROLIFERATIVA

En la retinopatía no proliferativa, los vasos sanguíneos pequeños de la retina se abultan y forman bolsas. Esto los debilita. Pueden perder un poco de líquido. Normalmente esta pérdida no daña la vista y, a menudo, la enfermedad nunca empeora.

Si la enfermedad empeora, los vasos sanguíneos débiles pierden más líquido. También pierden sangre y grasas. Esto hace que la retina se hinche. Normalmente la hinchazón no afecta a la vista, a menos que tenga lugar en el centro de la retina.

El centro de la retina se denomina mancha amarilla. La mancha amarilla permite ver los detalles sutiles. La hinchazón de la mancha amarilla se denomina edema macular. El edema macular puede nublar, distorsionar, reducir u oscurecer la vista.

RETINOPATÍA PROLIFERATIVA

La retinopatía no proliferativa puede evolucionar hasta convertirse en una retinopatía proliferativa. En la retinopatía proliferativa, los vasos sanguíneos de pequeño tamaño están tan dañados que se cierran. En respuesta a esto, se forman muchos nuevos vasos sanguíneos en la retina. Conforme crecen, se ramifican hacia otras partes del ojo.

Estas alteraciones pueden no afectar a la vista o pueden provocar un deterioro de la visión lateral. También podría resultar más difícil ver en la oscuridad y adaptarse de la luz a la oscuridad.

Los nuevos vasos sanguíneos son débiles y pueden provocar problemas. Pueden romperse y sangrar en el gel transparente que llena el centro del ojo. Este fenómeno se denomina hemorragia vítrea. Los indicios más frecuentes de que existe hemorragia vítrea son una visión borrosa y las moscas volantes. La hemorragia vítrea puede provocar una pérdida visual si no se trata.

Los nuevos vasos sanguíneos pueden llevar a la aparición de tejido cicatricial en la retina. El tejido cicatricial puede arrugar la retina y arrancarla. Cuando la retina se despega de la parte posterior del ojo este fenómeno se denomina desprendimiento de retina. El desprendimiento de retina crea una sombra o una gran mancha oscura en la vista. Esto puede poner en peligro la visión.

INDICIOS DE RETINOPATÍA

- La visión se vuelve borrosa.
- Se ven moscas volantes.
- Se ve una sombra o una mancha oscura.
- Se ha perdido la visión lateral.
- Cuesta ver por la noche.
- Cuesta leer.
- Las líneas rectas no lo parecen.

Si presenta alguno de estos síntomas, vaya al oftalmólogo inmediatamente.

Nota especial: Normalmente usted no podrá ver (ni notar) los primeros indicios de que existe algún daño en la retina, pero el oftalmólogo sí que puede. No olvide someterse a un reconocimiento oftalmológico cada año para comprobar si ha desarrollado retinopatía.

CATARATAS

Una catarata nubla el cristalino del ojo. El cristalino del ojo suele ser transparente y se encuentra detrás del iris (la parte coloreada del ojo) y la pupila (la abertura oscura). El cristalino concentra la luz en la retina. Cuando el cristalino se nubla, la luz no puede entrar.

Inicialmente las cataratas suelen ser pequeñas. Algunas nunca empeoran la vista. Otras bloquean parcial o totalmente la visión. La manera en que una catarata afectará a la vista depende de tres factores: 1) su tamaño, 2) su espesor y 3) su localización en el cristalino.

En función de estos tres factores, los indicios de que existe una catarata pueden variar.

INDICIOS DE CATARATA

- Vista brumosa, desenfocada o borrosa.
- Pensar que se necesitan gafas nuevas.
- Las nuevas gafas no ayudan a ver mejor.

- Cuesta leer y realizar otras actividades en que hay que fijar la vista de cerca.
- Necesidad de parpadear mucho para ver mejor.
- Tener la sensación de que los ojos están cubiertos por una película.
- Tener la sensación de mirar a través de un cristal empañado, un velo o una cascada.
- La luz del sol o de una lámpara parece demasiado brillante.
- Por la noche, los faros de los coches deslumbran más que antes o se ven dobles o resplandecientes.
- La pupila, que habitualmente es negra, parece gris, amarilla o blanca.
- Los colores parecen apagados.

Si presenta alguno de estos indicios, vaya al oftalmólogo.

Glaucoma

El glaucoma es una acumulación de líquido en el ojo que provoca una elevación de la presión. La presión puede dañar el nervio óptico. Éste indica al cerebro lo que ven los ojos. Existen dos tipos de glaucoma.

El tipo de glaucoma más frecuente es el glaucoma de ángulo abierto crónico. En este caso, la presión líquida aumenta lentamente a lo largo de muchos años. Normalmente la persona no se da cuenta de ello. Podría notarse el incremento de la presión en los ojos o puede que éstos lagrimeen continuamente.

Conforme el glaucoma empeora, el diabético puede notar que la vista se vuelve ligeramente borrosa o nublada. Quizá pensará que tiene que cambiarse las gafas. O puede que le cueste ver en la oscuridad. Si no se trata el glaucoma, puede perder la visión.

El tipo menos habitual de glaucoma es el glaucoma de ángulo cerrado agudo. En este tipo de afección, la presión líquida aumenta rápidamente. Los ojos duelen mucho. Están borrosos y no dejan de lagrimear. Se ven halos de colores alrededor de luces brillantes. Incluso pueden producirse vómitos. *Si presenta alguno de estos indicios, vaya inmediatamente al servicio de urgencias de un hospital.*

Cómo evitar las enfermedades oculares

Mantener el nivel de glucemia dentro de las concentraciones normales. Así se reduce el riesgo de contraer enfermedades oculares y se enlentece el ritmo de evolución de las que ya han aparecido.

Controlar la hipertensión arterial. La hipertensión arterial puede empeorar las enfermedades oculares. La tensión arterial puede reducirse adelgazando, consumiendo menos sal y evitando el alcohol. El médico puede indicarle qué fármacos reducen la tensión arterial.

Dejar de fumar. Fumar daña los vasos sanguíneos.

Reducir el nivel de colesterol. Un nivel de colesterol elevado también puede dañar los vasos sanguíneos.

Someterse a una dilatación de la pupila y a una exploración ocular cada año a manos de un especialista de la vista. Muchas enfermedades oculares pueden provocar daños sin que existan indicios visibles para el enfermo. El especialista dispone de los instrumentos adecuados y realizará las pruebas necesarias para detectar el problema enseguida. Cuanto antes se detecta el problema, mayores son la probabilidades de que los tratamientos salven la vista.

Enfrentarse a la diabetes

La diabetes nunca desaparece; ni siquiera hace vacaciones. Se trata de una enfermedad crónica que puede controlarse, pero no curarse. Vivir con la diabetes no es sólo difícil para el cuerpo, sino también para la mente.

A veces uno puede negar que tiene diabetes o enfadarse o deprimirse por el hecho de padecerla. Estos sentimientos son normales. Pueden ayudar a enfrentarse al hecho de padecer la enfermedad. Pueden formar parte del proceso por el que se pasará antes de aceptar la diabetes.

Aceptar la diabetes significa reconocer que se padece una enfermedad crónica y asumir la responsabilidad de tratarla, mantener una buena salud y vivir una vida plena. Aceptar la diabetes significa no hacer caso omiso de ella y dejar que se convierta en un problema de salud más grave.

La mejor manera de enfrentarse a la diabetes es aceptarla. Pero ¿y si se queda bloqueado durante el proceso? Si se queda bloqueado por la negación de la enfermedad, la ira o la depresión durante mucho tiempo, puede que deje de cuidar su diabetes.

NEGACIÓN

Casi todas las personas pasan por un proceso de negación cuando se les diagnostica diabetes por primera vez. El problema surge cuando uno niega continuamente que es diabético. La negación permanente de la enfermedad impide aprender lo que hay que

saber para mantenerse sano. Si piensa o dice algunas de estas pala-
bras, puede que esté negando algún aspecto relacionado con el cuidado de su diabetes:

«No pasa nada si repito sólo por esta vez».
«Esta llaga cicatrizará sola.»
«Iré al médico más tarde.»
«No tengo tiempo para hacerlo.»
«Mi diabetes no es grave.»
«Sólo tomo una pastilla, no me pincho.»
«No puedo porque mi seguro no lo cubre.»

DEJAR ATRÁS LA NEGACIÓN

- Anote en un papel el plan de cuidados de la diabetes y los objetivos de salud. Sepa por qué es importante cada parte del
plan. Acepte que alcanzar los objetivos llevará tiempo.
- Hable con el educador en diabetes sobre el plan de cuidados
de la diabetes. Juntos quizá podrán idear un plan mejor.
- Explique a la familia y a los amigos cómo cuida usted de su
diabetes. Dígales cómo pueden ayudarle.

IRA

La ira es una emoción potente. Si usted no utiliza la ira, la ira le
utilizará a usted. Para controlar la ira hay que aprender más acerca
de ella. Empiece un diario de la ira. Anote cuándo se enfadó por última vez, dónde estaba, con quién estaba, por qué se enfadó y qué
hizo. Al cabo de unas semanas léalo de principio a fin. Intente comprender su ira. ¿Qué le hace enfadar? Normalmente la ira esconde
una ofensa.

Cuanto mejor se comprende la ira, mejor se puede controlar.
Le corresponde a usted decidir cómo va a utilizar la energía de la
ira. Intente utilizarla de manera que le ayude la próxima vez.

Cómo controlar la ira

Calmarla. Hable despacio, inspire profundamente, beba un vaso de agua, siéntese, échese hacia atrás, mantenga las manos bajadas a ambos lados del cuerpo.

Soltarla. Realice una actividad física como correr o recoger hojas con un rastrillo. Llore por una película triste. Anote en un papel qué le apetece decir o gritar.

Trivializarla. Pregúntese simplemente qué importancia tiene. Algunas cosas son tan triviales que no vale la pena enfadarse.

Reírse de ella. Encuéntrele el lado divertido. A veces la risa puede alejar la ira.

Dejar que infunda fuerza. La ira puede proporcionarle el valor necesario para defenderse o actuar para proteger a otra persona.

Depresión

Sentirse deprimido de vez en cuando es normal. Pero sentirse realmente triste y desesperado durante dos semanas o más podría ser un indicio de depresión grave.

Puede estar deprimido si:

- Ya no le interesan ni le hacen disfrutar las cosas que solía gustarle hacer.
- Le cuesta dormir, se despierta a menudo durante la noche o quiere dormir mucho más de lo habitual.
- Se despierta antes de lo habitual y no puede volverse a dormir.
- Come más o menos de lo que solía comer. Engorda o adelgaza rápidamente.
- Le cuesta concentrarse. Le distraen otros pensamientos o sentimientos.
- No tiene energía. Está siempre cansado.
- Está tan nervioso o ansioso que no puede estarse quieto.
- El sexo le interesa menos.
- Llora a menudo.
- Cree que nunca hace nada correctamente y que es una carga para los demás.

- Está triste o peor por la mañana que durante el resto del día.
- Quiere morirse o piensa en distintas maneras de hacerse daño.

Si presenta tres o más de estos indicios, busque ayuda. Si presenta uno o dos de estos indicios y hace dos semanas o más que se encuentra mal, busque ayuda.

AYUDA PARA LA DEPRESIÓN

Hable con su médico primero. La depresión puede tener una causa física. Si usted y el médico descartan las causas físicas, lo más probable es que el médico le remita a un profesional de la salud mental. El tratamiento puede consistir en orientación psicopedagógica o antidepresivos, o ambos a la vez.

CÓMO ENFRENTARSE A LA DIABETES

En cuanto se ha superado la negación, la ira o la depresión, ya falta poco para aceptar la diabetes. Aceptarla es la mejor manera de enfrentarse a ella.

Aceptar que el cuidado de la diabetes depende de la propia persona. Usted es quien decide qué tiene que comer, cuánto ejercicio tiene que hacer y cuándo debe analizar la glucemia. Acepte lo que esto significa: control. Usted tiene el control.

Aprender todo lo que se pueda sobre la diabetes. En Estados Unidos, la filial local de la American Diabetes Association puede ayudarle. Lea. Haga preguntas. Vaya a clases de educación diabetológica. Participe en grupos de apoyo a la diabetes.

Compartir lo que se ha aprendido con la familia y los amigos. Cuanto más sepan, mejor podrán ayudarle. Dígales qué opina de la diabetes.

No dejar de practicar las aficiones, las actividades y los deportes favoritos. Demostrará a todos, incluido usted, que sigue siendo la misma persona. Todavía puede divertirse mucho.

Equipo sanitario

Un equipo sanitario es un grupo de profesionales sanitarios que ayudan al diabético a tratar su enfermedad. El equipo incluye al diabético y puede comprender un especialista en diabetes (véase el apartado Médico), una enfermera educadora en diabetes, un dietista (véase el apartado Dietista), un fisiólogo del ejercicio, un profesional de la salud mental, un especialista de la vista, un podólogo, un dentista (véase el apartado Higiene dental) y un farmacéutico. El especialista en diabetes puede ayudar a encontrar a los demás miembros del equipo.

El equipo le dará información sobre la diabetes y le enseñará a integrar el cuidado de la diabetes en su vida. El equipo sanitario cuenta con que usted les indicará cómo funciona su plan de cuidados de la diabetes y cuándo necesita su ayuda. Por este motivo usted es el miembro más importante del equipo.

ENFERMERA EDUCADORA EN DIABETES

Las enfermeras enseñan y aconsejan al diabético acerca del tratamiento cotidiano de la diabetes. Las enfermeras pueden informarle sobre la diabetes y pueden enseñarle a:

- Utilizar los antidiabéticos orales.
- Utilizar la insulina.
- Inyectarse insulina.
- Utilizar una bomba de insulina.

- Analizar la glucemia en casa.
- Llevar el seguimiento del control de la diabetes.
- Conocer los indicios que señalan la presencia de hipoglucemia e hiperglucemia.
- Tratar la hipoglucemia o la hiperglucemia.
- Ocuparse de los días de enfermedad.
- Mantenerse sana durante el embarazo.

Puede trabajar con una enfermera practicante de diabetes, una enfermera internista o una enfermera educadora. En Estados Unidos, se pueden ver las iniciales RN detrás del nombre de una enfermera. RN significa enfermera diplomada. Algunas enfermeras también poseen un diploma (BSN) o una licenciatura (MSN). Muchas enfermeras son educadoras en diabetes certificadas (CDE). BC-ADM (certificación académica, tratamiento especializado de la diabetes) indica una titulación para enfermeras, dietistas y farmacéuticos especializados.

EDUCADOR EN DIABETES CERTIFICADO

En Estados Unidos, las siglas CDE después del nombre de una persona significan que es un educador en diabetes certificado. Cuando vea estas siglas, sabrá que la persona está especialmente capacitada para enseñar o atender a los diabéticos. Estas siglas pueden aparecer detrás del nombre de cualquiera de los integrantes de su equipo sanitario.

Un educador en diabetes obtiene la certificación después de aprobar el examen de la National Certification Board for Diabetes Educators, una organización independiente creada por la American Association of Diabetes Educators.

Una vez certificados, los CDE deben mantenerse al día del cuidado y el tratamiento de la diabetes para aprobar un examen de recertificación cada cinco años. Para encontrar un educador en diabetes en su zona, llame a la American Association of Diabetes Educators o consulte la página www.aadenet.org

Profesional de la salud mental

Los profesionales de la salud mental comprenden los asistentes sociales, los psicólogos y los psiquiatras. Estas personas pueden ayudar a reconocer y controlar los aspectos emocionales de las personas con diabetes.

Busque un asistente social clínico autorizado que posea una licenciatura en asistencia social y formación en terapia individual, de grupo y familiar. Los asistentes sociales pueden ayudarle a usted y a su familia a sobrellevar el estrés o las ansiedades relacionadas con la diabetes. Pueden ayudarle a encontrar recursos de la comunidad o gubernamentales para sus necesidades médicas o económicas.

Un psicólogo clínico posee una licenciatura o un doctorado en psicología y formación en psicoterapia individual, de grupo y familiar. Los psicólogos clínicos orientan a los pacientes que tienen problemas emocionales.

Un psiquiatra es un médico que puede proporcionar orientación psicopedagógica y recetar fármacos para tratar las causas físicas de los problemas emocionales.

Fisiólogo del ejercicio

Un fisiólogo del ejercicio cuenta con formación en la ciencia del ejercicio y la preparación física. El fisiólogo del ejercicio ayuda a planificar un programa de ejercicio seguro y efectivo.

Busque a alguien que posea una licenciatura o un doctorado en fisiología del ejercicio. O busque un profesional sanitario autorizado que esté diplomado en fisiología del ejercicio. La titulación del American College of Sports Medicine es una buena garantía.

Siempre hay que obtener la aprobación del médico para cualquier programa de ejercicio.

Especialista de la vista

El especialista de la vista es un oftalmólogo o un optometrista. Los oftalmólogos son médicos que detectan y tratan las enfermedades oculares. Pueden recetar medicamentos para la vista y practicar cirugía ocular. Los optometristas no son médicos. Están capacitados para examinar el ojo a fin de detectar problemas de la vista y otros problemas leves. Cuando vaya al especialista de la vista, averigüe si:

- Sabe detectar enfermedades oculares.
- Trata a muchos diabéticos.
- Practica cirugía ocular.
- Enviará informes con regularidad al especialista en diabetes.

PODÓLOGO

El podólogo está capacitado para tratar los problemas del pie y la extremidad inferior. En Estados Unidos, los podólogos poseen una licenciatura en podología (DPM) obtenida en una facultad de podología. También han realizado su período de residencia (formación hospitalaria) en podología. Cuando vaya al podólogo, averigüe si:

- Sabe qué problemas puede provocar la diabetes en los pies.
- Trata a muchos diabéticos.
- Trabajará con su especialista en diabetes.

FARMACÉUTICO

Un farmacéutico cuenta con formación en la química de los fármacos y en cómo afectan los fármacos al organismo. Como mínimo, en Estados Unidos, posee un diploma en farmacia (BScPharm) o una licenciatura en farmacia (PharmD).

El farmacéutico puede ayudar de varias formas. La mayoría de los farmacéuticos ofrecen orientación gratuita. Pueden indicar:

- Con qué frecuencia hay que tomar los medicamentos recetados.
- Si hay que tomar los medicamentos con las comidas o con el estómago vacío.

- Qué efectos secundarios hay que vigilar.
- Si hay que evitar el sol.
- Qué alimentos deben evitarse.
- Qué otros medicamentos podrían interactuar con el nuevo medicamento del diabético.
- Cuándo debe tomarse una dosis que se ha pasado por alto.
- Cómo hay que conservar los medicamentos.
- Qué medicamentos sin receta médica funcionan mejor con los otros medicamentos del diabético.

OTROS MIEMBROS DEL EQUIPO

Conforme su salud varía, puede necesitar la presencia de otros miembros en el equipo. Si tiene pensado quedarse embarazada, necesitará un tocólogo. Si padece problemas de circulación en las piernas o los pies, puede que necesite un cirujano vascular. El especialista en diabetes puede ayudarle a encontrar el médico que necesita en cada caso.

Etiquetado de los alimentos

Las etiquetas de los alimentos indican prácticamente todo lo que hay que saber sobre los alimentos que se compran. Cuanto más se sabe acerca de los alimentos, mejores decisiones alimentarias se pueden tomar y mejor se puede seguir un plan de alimentación saludable (véanse los apartados Alimentación saludable y Planificación de las comidas).

Una de las primeras cosas que podrían leerse en el envase de un alimento es el mensaje nutricional, como «grasas reducidas» o «bajo en calorías». Estos mensajes tienen significados uniformes. Al final de esta sección figuran algunos de estos términos y su significado. Pero la información más útil de un envase alimentario se encuentra en el cuadro de información nutricional.

TAMAÑOS DE LAS RACIONES

Actualmente, los tamaños de las raciones son más uniformes que antes en todas las marcas de alimentos parecidos. De este modo se pueden realizar comparaciones con mayor facilidad. Y los tamaños de las raciones se parecen más a las cantidades que realmente come la gente. Los tamaños de las raciones se proporcionan en medidas domésticas (por ejemplo, una taza) y métricas (por ejemplo, un gramo). La etiqueta también indica el número de raciones por producto.

LISTA DE NUTRIENTES

La información nutricional presenta las calorías, las calorías procedentes de las grasas, la grasa total, las grasas saturadas, el colesterol, el sodio, los hidratos de carbono totales, la fibra, los azúcares y las proteínas. También pueden aparecer otros nutrientes, como las calorías procedentes de las grasas saturadas, las polinsaturadas y las monoinsaturadas. Los nutrientes van seguidos de una cifra. Esta cifra representa la cantidad de nutriente en gramos (g) o miligramos (mg) que contiene una ración de ese alimento.

VITAMINAS Y MINERALES

La información nutricional también presenta la cantidad de vitamina A, vitamina C, calcio y hierro. Pueden aparecer otras vitaminas y minerales. Después del nombre de la vitamina o el mineral figura una cifra seguida del símbolo de porcentaje (%). Esta cifra es el porcentaje de la cantidad diaria de vitamina o mineral que contiene una ración del alimento. Cuanto mayor es la cifra, mayor es el contenido de esa vitamina o ese mineral.

CANTIDADES DIARIAS

Las cantidades diarias indican cuánta grasa total, grasas saturadas, colesterol, sodio, potasio, hidratos de carbono totales, fibra y proteínas se necesitan diariamente según el número de calorías ingeridas en un día. No existe ninguna cantidad diaria para los azúcares.

Todas las etiquetas de información nutricional proporcionan las cantidades diarias para una persona que ingiere 2.000 calorías al día. Algunas etiquetas también presentan las cantidades diarias recomendadas para una persona que ingiere 2.500 calorías al día.

Las cantidades diarias de una persona pueden ser más altas o más bajas que las que figuran en la etiqueta. Cuantas más calorías hay que ingerir al día, mayores son las cantidades diarias recomendadas. Cuantas menos calorías hay que ingerir al día, menores son también dichas cantidades. Con la ayuda de un dietista, pueden calcularse las cantidades diarias para ajustarlas a las necesidades calóricas de cada persona.

INFORMACIÓN NUTRICIONAL

Tamaño de la ración: 1 taza (228 g)
Raciones por envase: 2

Cantidad por ración
Calorías: 260   Calorías procedentes de grasas: 120

	Cantidad diaria porcentual *
Total de grasas: 13 g	20 %
Grasas saturadas: 5 g	25 %
Colesterol: 30 mg	10 %
Sodio: 660 mg	28 %
Hidratos de carbono totales: 31 g	10 %
Fibra vegetal: 0 g	0 %
Azúcares: 5 g	
Proteínas: 5 g	

Vitamina A: 4 %
Vitamina C: 2 %
Calcio: 15 %
Hierro: 4 %

* Las cantidades diarias porcentuales se basan en una dieta de 2.000 calorías. Las cantidades diarias pueden ser mayores o menores según las necesidades calóricas de cada persona:

	Calorías:	2.000	2.500
Total de grasas	Menos de	65 g	80g
Grasas saturadas	Menos de	20 g	25 g
Colesterol	Menos de	300 mg	300 mg
Sodio	Menos de	2.400 mg	2.400 mg
Hidratos de carbono totales		300 g	375 g
Fibra vegetal		25 g	30 g

Calorías por gramo:

Grasas: 9
Hidratos de carbono: 4
Proteínas: 4

Etiqueta alimentaria básica.
Fuente: Food and Drug Administration.

CANTIDADES DIARIAS PORCENTUALES

Las cantidades diarias porcentuales (%), que figuran a la derecha de la etiqueta de información nutricional, indican el porcentaje de la cantidad diaria que aporta una ración del alimento.

LISTA DE INGREDIENTES

En los envases de los alimentos, los ingredientes aparecen según su peso. El ingrediente que más pesa figura en el primer lugar de la lista. El último ingrediente de la lista es el que menos pesa. Conviene leer la lista de ingredientes, porque el mensaje de los envases puede inducir a error.

UTILIZAR LAS ETIQUETAS DE LOS ALIMENTOS

La información nutricional de una etiqueta alimentaria indica exactamente cuántos gramos de hidratos de carbono, grasas y calorías contiene una ración del alimento. Esto simplifica el recuento de hidratos de carbono, de gramos de grasa y de calorías.

Si utiliza las *Exchange lists for meal planning* (véase el apartado Planificación de las comidas), tendrá que comparar el tamaño de la ración que figura en la etiqueta con el tamaño de la ración del intercambio. Puede que no coincidan. Por ejemplo, la etiqueta puede indicar que el tamaño de la ración es una taza, pero el intercambio puede indicar que es media taza. En este caso, una taza del alimento equivaldría a dos intercambios.

MENSAJES NUTRICIONALES	
Término	**Descripción**
Sin calorías	Menos de cinco calorías por ración
Sin colesterol	Menos de 2 mg de colesterol por ración y 2 g o menos de grasas saturadas por ración
Sin grasas	Menos de 0,5 g de grasas por ración
Sin grasas saturadas	Menos de 0,5 g de grasas saturadas por ración
Sin sodio	Menos de 5 mg de sodio por ración
Sin azúcar	Menos de 0,5 g de azúcar por ración
Bajo en calorías	40 calorías o menos por ración
Bajo en colesterol	20 mg o menos de colesterol por ración y 2 g o menos de grasas saturadas por ración
Bajo en grasas	3 g o menos de grasas por ración
Bajo en grasas saturadas	1 g o menos de grasas saturadas por ración
Bajo en sodio	140 mg o menos de sodio por ración
Extra magro	Menos de 5 g de grasas, 2 g de grasas saturadas y 95 mg de colesterol por ración
Magro	Menos de 10 g de grasas, 4,5 g de grasas saturadas y 95 mg de colesterol por ración
Light	Un 33,3 % menos de calorías o un 50 % menos de grasas por ración que otros alimentos comparables
Reducido	Un 25 % menos por ración que otros alimentos comparables. Hay que comprobar la información de la etiqueta minuciosamente. Algunos de estos alimentos todavía contienen una cantidad demasiado alta de grasas y calorías

Glucemia

El organismo convierte los alimentos que comemos en glucosa. La glucosa es un azúcar que circula por la sangre hasta las células. Éstas utilizan la glucosa para producir energía. Para entrar en las células, la glucosa necesita la ayuda de la insulina.

Los diabéticos tienen problemas con la insulina. A veces no tienen insulina (véase el apartado Diabetes tipo 1). Otras veces hay insulina, pero el organismo tiene problemas para utilizarla o no hay una cantidad suficiente (véase el apartado Diabetes tipo 2).

Cuando la insulina no puede hacer su trabajo, la glucosa no puede entrar en las células y, de este modo, se acumula en la sangre. La cantidad de glucosa presente en la sangre se denomina glucemia.

El exceso de glucosa en la sangre se denomina hiperglucemia. Y, al contrario, la insuficiencia de glucosa en la sangre se denomina hipoglucemia. Un aumento o un descenso excesivos de la glucemia pueden hacer que el diabético se sienta mal y dañar su organismo (véanse los apartados Hiperglucemia e Hipoglucemia).

Para sentirse bien y estar sano, hay que mantener la glucemia entre unos valores máximos y mínimos, esto es, dentro de un intervalo recomendado por el médico. Véase la tabla de la página siguiente.

Mantener la glucemia dentro del intervalo más adecuado y evitar los valores máximos y mínimos exige cierto esfuerzo. Puede hacerse intentando encontrar un equilibrio entre los alimentos ingeridos, la actividad realizada, los antidiabéticos orales o la insulina. Uno de los mejores instrumentos es el medidor de glucemia. He aquí algunos consejos prácticos para tener éxito.

INTERVALOS DE GLUCEMIA PARA LOS DIABÉTICOS	
Hora	Glucosa (mg/dl)
Por la mañana, antes de desayunar	90 a 130
Antes de las comidas	90 a 130
Dos horas después de una comida	Inferior a 180

Estos intervalos se basan en los análisis de glucemia que realiza el diabético en su casa (véase el apartado Autoanálisis de glucemia), no en las pruebas analíticas. Quizá no sean los mejores intervalos para usted. Hable con el equipo sanitario para determinar cuáles deben ser sus intervalos.

ALIMENTOS

- Siga el plan de comidas (véase el apartado Planificación de las comidas).
- Incluya tentempiés en el plan de comidas sólo si el profesional encargado del cuidado de su diabetes o el dietista se lo recomiendan.
- Tome las comidas y los tentempiés aproximadamente a las mismas horas cada día.
- No se salte ni retrase las comidas ni los tentempiés.
- Coma las mismas cantidades de alimentos cada día.
- Si utiliza insulina, pregunte al profesional encargado del cuidado de su diabetes cómo debe ajustar la dosis cuando quiere comer una cantidad mayor o menor de la habitual.

ACTIVIDAD

- Siga su programa de ejercicio.
- Si toma insulina o ciertos antidiabéticos orales (sulfonilureas, meglitinidas) y si va a practicar ejercicio durante más de una hora, quizá tenga que tomar tentempiés. Algunos ejemplos de tentempiés son: una pieza de fruta, media taza de zumo, medio bollo o un panecillo pequeño. Hable con un die-

tista o un educador en diabetes acerca de cuánto y cuándo debe comer.

- No olvide analizar su nivel de la glucemia después de hacer ejercicio. El ejercicio reduce la glucemia durante un período de 10 a 24 horas.
- Si utiliza insulina, pregunte al profesional encargado del cuidado de su diabetes si debe ajustar la dosis para el ejercicio.

Antidiabéticos orales o insulina

- Tome la insulina o los antidiabéticos orales tal como le ha indicado el médico.
- Comente con su médico la posibilidad de efectuar modificaciones en la dosis de insulina o de los antidiabéticos orales si su nivel de glucemia no se mantiene dentro del intervalo. Quizá le iría mejor una dosis o un tipo diferente de insulina o de antidiabéticos orales.
- Si utiliza insulina, pregunte al profesional encargado del cuidado de su diabetes cuáles son los mejores sitios para inyectársela. Algunas personas consideran que inyectarse la insulina en el mismo sitio cada vez les ayuda a mantener la glucemia más estable.
- Considere el uso de una bomba de insulina. Las bombas reproducen la liberación natural de insulina mejor que las inyecciones (véase el apartado Bombas de insulina).

Analizar la glucemia

- Analice su glucemia con frecuencia. Si realiza un análisis al día, plantéese la posibilidad de realizar dos o tres.
- Analice su glucemia con mayor frecuencia si:

   — Ha comido demasiado, no ha comido lo suficiente o ha probado un alimento nuevo.
   — Ha retrasado o se ha saltado una comida o un tentempié.
   — Está enfermo.
   — Está estresado.

— No ha tomado la insulina o los antidiabéticos orales.

— Ha tomado demasiada insulina.

— Ha tomado demasiados antidiabéticos orales.

— No ha practicado el ejercicio habitual.

— Ha hecho ejercicio durante más tiempo o con mayor intensidad que de costumbre.

Higiene dental

La diabetes aumenta el riesgo de padecer una enfermedad gingival y otras infecciones bucales. Las infecciones pueden elevar el nivel de glucemia. Y la hiperglucemia puede empeorar aún más las infecciones bucales. El diabético puede protegerse si conoce los indicios de enfermedad gingival y otras infecciones bucales y si sabe cuidarse los dientes.

ENFERMEDAD GINGIVAL

La enfermedad gingival es la infección de las encías. Empieza cuando una película pegajosa de bacterias, denominada placa, se forma en los dientes y en la línea gingival. Hay que cepillarse los dientes y pasarse el hilo dental para eliminar la placa, o se endurecerá y se convertirá en sarro. La placa y el sarro irritan las encías. Éstas pueden enrojecerse, doler e hincharse. Entonces, incluso un cepillado suave puede hacerlas sangrar. Esto se denomina gingivitis. Si se hace caso omiso de la gingivitis, la enfermedad gingival puede empeorar.

Conforme la enfermedad gingival empeora, las encías empiezan a despegarse de los dientes. Parte de la raíz de los dientes puede quedar expuesta o los dientes pueden tener un aspecto más alargado. También pueden formarse bolsas entre los dientes y las encías. Estas bolsas se llenan de bacterias y pus. Esto se denomina periodontitis.

La periodontitis puede destruir la mandíbula. Los dientes pueden empezar a moverse. Quizá se note un cambio en la manera en que encajan los dientes al morder o en el ajuste de las prótesis parciales. Puede que los dientes se aflojen, se caigan o haya que arrancarlos. Es preciso conocer cuáles son las señales de alerta de la enfermedad gingival para no permitir que llegue tan lejos.

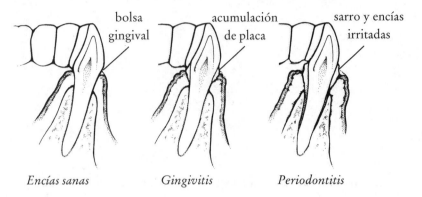

bolsa gingival	acumulación de placa	sarro y encías irritadas
Encías sanas	*Gingivitis*	*Periodontitis*

INDICIOS DE ENFERMEDAD GINGIVAL

- Enrojecimiento de las encías.
- Hinchazón o hipersensibilidad gingival.
- Sangrado de las encías al cepillarse o pasarse el hilo dental.
- Encías que se han despegado de los dientes.
- Presencia de pus entre los dientes y las encías al presionar las encías.
- Halitosis.
- Aflojamiento de los dientes.
- Separación de los dientes.
- Cambio en la manera en que encajan los dientes al morder.
- Cambio en la manera en que ajustan las prótesis parciales.

Vaya al dentista si presenta alguno de estos indicios.

OTRAS INFECCIONES BUCALES

Las infecciones bucales no afectan al conjunto de la boca, sino a áreas pequeñas de la misma. Pueden ser consecuencia de la presencia de bacterias o de un hongo. Hay que conocer las señales de alerta de las infecciones bucales.

INDICIOS DE INFECCIONES BUCALES

- Hinchazón alrededor de los dientes o las encías o en el cualquier zona de la boca.
- Pus alrededor de los dientes o las encías o en cualquier zona de la boca.
- Manchas blancas o rojas en cualquier zona de la boca.
- Dolor persistente en la boca o los senos nasales.
- Manchas oscuras o agujeros en los dientes.
- Dolor al comer algo frío, caliente o dulce.
- Dolor al masticar.

Vaya al dentista si presenta alguno de estos indicios.

Cómo proteger los dientes

Controlar la glucemia. Si mantiene el nivel de glucemia en unas concentraciones saludables, reducirá el riesgo de padecer enfermedades gingivales y otras infecciones bucales.

Mantener los dientes limpios. Cepíllese los dientes con un dentífrico de flúor como mínimo dos veces al día. Todavía mejor, cepílleselos después de cada comida. Procure no cepillar demasiado fuerte; podría desgastar las encías. Para las encías es mejor utilizar un cepillo blando con cerdas redondeadas o pulidas. No olvide cambiar el cepillo cada tres o cuatro meses o antes si las cerdas están desgastadas.

Pásese el hilo dental como mínimo una vez al día. Si no le gusta utilizar hilo dental, pruebe los cepillos interdentales cónicos o cilíndricos. El uso de hilo dental o cepillos interdentales elimina la placa y los trozos de comida que quedan entre los dientes. El cepillado elimina la placa y los trozos de comida de la superficie de los dientes. Otra opción consiste en un cepillo ultrasónico, que utiliza cerdas móviles y ondas ultrasónicas para eliminar la placa que hay entre los dientes y en la superficie.

Ir al dentista. Pida al dentista o al higienista dental que le haga una limpieza cada seis meses o más a menudo si es necesario. Estas limpiezas eliminan la placa y el sarro. Asegúrese de que le hacen una radiografía de la boca completa cada dos años para comprobar si hay pérdida ósea. En algunas personas, la pérdida ósea es el único indicio de periodontitis. Informe al dentista de que es diabético.

Hiperglucemia

El exceso de glucosa en la sangre se denomina hiperglucemia. La hiperglucemia es uno de los indicios de diabetes. Con el tiempo, la hiperglucemia puede dañar los ojos, los riñones, el corazón, los nervios y los vasos sanguíneos.

CAUSAS DE HIPERGLUCEMIA

- Comer demasiado.
- Comer demasiados hidratos de carbono.
- No tomar suficiente insulina.
- No tomar insulina.
- No tomar suficientes antidiabéticos orales.
- No tomar antidiabéticos orales.
- Estar enfermo.
- Estar estresado.
- Saltarse el ejercicio o la actividad habitual.

Es más difícil percibir la hiperglucemia que la hipoglucemia. Si su nivel de glucemia es muy elevado, puede notar algunos indicios.

INDICIOS DE HIPERGLUCEMIA

- Dolor de cabeza.
- Vista borrosa.

- Sed.
- Hambre.
- Descomposición.
- Micción frecuente.
- Sequedad y picazón cutáneas.

Únicamente con estos signos, tal vez no seamos capaces de afirmar que nuestra glucemia es demasiado alta. La única forma segura de saberlo es con un análisis del nivel de glucemia (véase el apartado Autoanálisis de glucemia).

CÓMO TRATAR LA HIPERGLUCEMIA

1. *Si su glucemia se encuentra entre 180 mg/dl y 250 mg/dl:*

- Siga los consejos del médico. Puede haberle dicho que pruebe una de las siguientes opciones:

  a) Una pequeña dosis adicional de insulina ordinaria (de acción corta).
  b) Un tentempié pequeño.

- Vuelva a analizar su glucemia al cabo de una o dos horas.

2. *Si su glucemia es superior a 250 mg/dl*: compruebe si hay indicios de cetoacidosis diabética (véase el apartado Análisis de cuerpos cetónicos en la orina o la sangre) o de síndrome no cetósico hiperosmolar hiperglucémico (véase el apartado SHH). Si está presente alguno de los indicios, llame al médico inmediatamente.
3. *Si su glucemia es superior a 350 mg/dl*: llame al médico.
4. *Si su glucemia es superior a 500 mg/dl*: llame al médico y haga que le trasladen al servicio de urgencias de un hospital inmediatamente.

Hipertensión arterial

La tensión arterial es la fuerza de la sangre cuando circula por los vasos sanguíneos. Cuanto más alta es la tensión arterial, más fuerza hay en los vasos sanguíneos. La fuerza excesiva en los vasos sanguíneos puede debilitarlos y dañarlos.

Los vasos sanguíneos nutren a los órganos y a los nervios. Cuando la hipertensión arterial debilita y daña los vasos sanguíneos, éstos no nutren a los órganos ni a los nervios tan bien como deberían. Los órganos y los nervios quedan dañados.

Los diabéticos tienen mayores probabilidades de padecer hipertensión arterial que las personas sin diabetes. La hipertensión arterial aumenta las probabilidades de sufrir un infarto de miocardio o una apoplejía (véanse los apartados Infarto de miocardio y Apoplejía) y puede agravar la nefropatía (enfermedad renal) y la retinopatía (una enfermedad ocular).

INDICIOS DE HIPERTENSIÓN ARTERIAL

La hipertensión arterial no suele presentar indicios. La única manera de saber si uno tiene hipertensión es mediante el registro de la tensión arterial. Es probable que cada vez que vaya al médico le tomen la tensión arterial.

Registro de la tensión arterial

La tensión arterial puede registrarse con un aparato denominado esfigmomanómetro. Se coloca un manguito blando alrededor de la parte superior del brazo. Se hincha el manguito hasta que está lo suficientemente apretado como para detener el flujo sanguíneo. Mientras se deshincha el manguito, se oye la fuerza de la sangre a través de un estetoscopio.

La tensión arterial se presenta en dos cifras. La primera cifra corresponde a la tensión sistólica, que es la fuerza de la sangre cuando el corazón se contrae. La segunda cifra es la tensión diastólica, que mide la fuerza de la sangre cuando el corazón se relaja.

Unas cifras de «120/80» significan una tensión sistólica de 120 y una tensión diastólica de 80. Se escribe 120/80 mmHg (milímetros [mm] de mercurio [Hg]).

Hipertensión arterial es otro término utilizado para denominar la tensión arterial elevada. Si descubre que tiene hipertensión arterial, usted y el equipo sanitario pueden tomar medidas para controlarla. El médico primero intentará averiguar la causa de su hipertensión arterial.

	Cifras de tensión arterial (en mmHg)
Tensión arterial normal	Menos de 120/80
Prehipertensión arterial	De 121/81 a 139/89
Hipertensión arterial en estadio 1	De 140/90 a 159/99
Hipertensión arterial en estadio 2	Más de 160/100

Fuente: Adaptada de The U. S. Department of Health and Human Services, *The Seventh Report of the Joint National Committee on Prevention, Detection, Evaluation, and Treatment of High Blood Pressure* (Washington, D.C., 2003).

CAUSAS DE HIPERTENSIÓN ARTERIAL

A veces existe una causa específica, como un problema renal, un trastorno hormonal, un embarazo o el uso de anticonceptivos orales. Cuando la hipertensión arterial está asociada a una causa específica, se llama hipertensión arterial secundaria. Si tiene hipertensión arterial secundaria, el médico primero tratará la causa.

La mayoría de las veces no hay una causa evidente de hipertensión arterial. Cuando esto sucede, se denomina hipertensión arterial idiopática. Si tiene hipertensión arterial idiopática, puede adoptar algunas medidas para disminuir la tensión arterial sin necesidad de tomar medicamentos.

Cómo reducir la tensión arterial

Perder los kilos de más. Adelgazar, aunque sólo sea un poco, puede ser suficiente para normalizar la tensión arterial. La única manera de adelgazar y no recuperar el peso perdido es seguir un plan de adelgazamiento. El equipo sanitario puede ayudarle a elaborar un plan adecuado.

Dejar de fumar. Fumar provoca hipertensión arterial, puesto que daña los vasos sanguíneos. Dejar de fumar puede ser más eficaz para reducir el riesgo de muerte asociada a la hipertensión arterial que tomar antihipertensivos.

Beber menos alcohol. Beber más de 60 ml de alcohol al día puede provocar hipertensión arterial. Puede que el médico aconseje no beber más de 30 ml de alcohol al día. Una bebida mixta, un vaso de vino o una lata de cerveza contienen aproximadamente 30 ml de alcohol.

Tomar menos sal. Evitar el salero y los alimentos con sal añadida puede ser suficiente para reducir la tensión arterial. Si el médico quiere que pruebe una dieta baja en sodio, prepárela con un dietista diplomado.

Reducir el estrés. El estrés puede empeorar la hipertensión arterial al provocar la constricción de los vasos sanguíneos y hacer que el corazón trabaje más. Para obtener consejos prácticos sobre la reducción del estrés, véase el apartado Aliviar el estrés.

Si no puede reducir la tensión arterial con estas modificaciones, es muy probable que el médico le recete fármacos para reducir la tensión arterial.

Los antihipertensivos utilizados con mayor frecuencia en los diabéticos son los IECA (inhibidores de la enzima de conversión de la angiotensina), los BRA (bloqueadores de los receptores de angiotensina), los antagonistas del calcio y los diuréticos derivados de la clorotiazida en pequeñas dosis.

Estos antihipertensivos no elevan el nivel de glucemia, pero todos tienen efectos secundarios. Consulte al médico o al farmacéutico.

Hipoglucemia

La insuficiencia de glucosa en la sangre se denomina hipoglucemia. La hipoglucemia puede darse si se toman insulina o ciertos antidiabéticos orales (sulfonilureas, meglitinidas). Si no se trata, la hipoglucemia puede provocar un desmayo. En el peor de los casos, puede provocar convulsiones, un estado de coma e incluso la muerte.

Causas de hipoglucemia

- No comer lo suficiente.
- No comer suficientes hidratos de carbono.
- Retrasar una comida o un tentempié.
- Saltarse una comida o un tentempié.
- Practicar ejercicio con mayor intensidad o durante más tiempo que de costumbre.
- Realizar una mayor actividad que de costumbre.
- Tomar demasiada insulina o demasiados antidiabéticos orales.
- Beber alcohol con el estómago vacío.

Señales de alerta de la hipoglucemia

Existen muchas señales de alerta de la hipoglucemia. Las señales que percibe una persona pueden ser distintas de las que siente otra. Averigüe cuáles son sus señales de alerta y explíqueselas a alguien que pueda ayudarle a detectarlas.

SEÑALES DE ALERTA

Puede que sus señales no figuren en esta lista:

Enfadado	Irritable	Tener náuseas
Ansioso	Mareado	Somnoliento
Enfermizo	Nervioso	Tozudo
Torpe	Entumecido	Sudoroso
Confuso	Pálido	Tenso
Hambriento	Triste	Cansado
Impaciente	Tembloroso	Débil

También puede presentar otros signos, como visión borrosa, sequedad bucal, dolor de cabeza o latidos fuertes del corazón. Cuando aparece alguna de las señales de alerta, el diabético debe tratarse la hipoglucemia inmediatamente.

CÓMO TRATARSE LA HIPOGLUCEMIA UNO MISMO

1. Si puede, analice su glucemia con un medidor (véase el apartado Autoanálisis de glucemia):

   a) *Si su glucemia es inferior a 70 mg/dl*: consulte los pasos 2 y 3. Si no puede analizar la glucemia, consulte los pasos 2 y 4.

2. Coma o beba algo que contenga aproximadamente 15 g de hidratos de carbono. La tabla de la página siguiente presenta una lista de alimentos que contienen esta cantidad.
3. Espere de 15 a 20 minutos y realice otro análisis:

   a) *Si su glucemia sigue por debajo de 70 mg/dl*: repita los pasos 2 y 3. Si ha repetido estos pasos y su glucemia sigue por debajo de 70 mg/dl, llame al médico o haga que le trasladen al servicio de urgencias de un hospital. Puede que necesite ayuda para tratar la hipoglucemia. O puede que las señales de alerta tengan otra causa.

   b) *Si su glucemia es superior a 70 mg/dl*: deje de beber y/o de comer los alimentos que figuran en la tabla. Puede que todavía note las señales de la hipoglucemia incluso después de que el nivel de glucemia haya aumentado. Véase el paso 4.

4. Si falta más de una hora para la siguiente comida, tome un pequeño tentempié de hidratos de carbono y proteínas. Pruebe con una rebanada de pan con mantequilla de cacahuete baja en grasas o seis galletitas con queso desnatado.

HAY QUE TRATAR LA HIPOGLUCEMIA CON UNO DE ESTOS ALIMENTOS

Comprimidos o gel de glucosa (la dosis está impresa en el envase).

1/3 de taza (118 ml) de zumo de frutas.

1/3 de taza (118 ml) de un refresco normal (no sin azúcar).

1 taza (236 ml) de leche desnatada.

2 cucharadas soperas de pasas (de 40 a 50).

3 galletas integrales de salvado.

1 cucharada sopera de azúcar granulado.

6 galletitas saladas.

1 cucharada sopera de miel o jarabe.

CÓMO HACER QUE OTRA PERSONA TRATE LA HIPOGLUCEMIA

A veces uno mismo no puede tratarse la hipoglucemia. Puede que no se perciban las señales de alerta. O puede que la hipoglucemia haya dejado al diabético demasiado confuso para tratarse a sí mismo. Sea cual sea el motivo, hay que enseñar a alguien de antemano a hacerlo.

Hay que tener siempre alimentos a mano para tratarse uno mismo la hipoglucemia. Debe guardarse un envase pequeño de zumo en el cajón del escritorio en el trabajo o en la escuela. Hay que llevar comprimidos o gel de glucosa en el monedero o en el bolsillo del abrigo y en la guantera del coche. Debe informarse a otras personas de dónde se guardan estas cosas.

Si toma insulina, debe hacerse con un botiquín de urgencias de glucagón. El médico puede recetarle uno. El glucagón es una hormona que se fabrica en el páncreas. Hace que el hígado libere glucosa en la sangre y detiene la liberación de insulina.

Un botiquín de urgencias de glucagón contiene una jeringa de glucagón y unas instrucciones. Guárdelo e informe a su familia, sus amigos y sus compañeros de trabajo de dónde lo guarda. Usted mismo o un miembro de su equipo sanitario puede enseñarles a utilizarlo.

1. *Si puede tragar:*

a) Haga que alguien consiga que coma o beba algo que contenga hidratos de carbono.

2. *Si no puede tragar o si se desmaya:*

a) Haga que alguien le inyecte glucagón en la parte frontal del muslo o en el músculo del hombro.

b) Haga que alguien le ponga de lado. Esto impedirá que se atragante si el glucagón le hace vomitar. (Algunas personas tienen náuseas después de inyectarse glucagón.)

c) En cuanto recobre el conocimiento, tome un tentempié de hidratos de carbono que le siente bien. Pruebe con seis galletitas saladas. A continuación, tome un tentempié de proteínas, como una loncha de pechuga de pavo o de queso desnatado.

d) Compruebe su glucemia cada 30 o 60 minutos para asegurarse de que no reaparece la hipoglucemia.

3. *Si no puede tragar y no dispone de glucagón o si no puede tragar y nadie sabe cómo utilizar el glucagón:*

a) Haga que alguien pida por teléfono una ambulancia.

b) Haga que alguien se humedezca la punta del dedo, la sumerja en azúcar de mesa y, con la punta del dedo cubierta de azúcar, le frote la parte interna de la mejilla hasta que el azúcar se disuelva, procurando mantener el dedo lejos de los dientes (si tiene una convulsión, puede morder el dedo).

c) Haga que alguien abra un tubo de gel de glucosa o glaseado y le coloque el extremo abierto en la parte interna de la mejilla. Haga que le vierta una pequeña cantidad de gel o glaseado en la boca y le dé un masaje en la parte externa de la mejilla.

Repita el paso b) hasta que llegue la ambulancia.

Infarto de miocardio

Cuando se detiene el flujo sanguíneo que se dirige al músculo del corazón, se produce un infarto de miocardio. Sin sangre, el corazón no puede obtener el oxígeno que necesita. Parte del músculo del corazón queda dañado o muere.

El flujo sanguíneo puede interrumpirse por la acumulación de grasa y colesterol en los vasos sanguíneos (aterosclerosis) que van al corazón. O puede interrumpirse por un coágulo adherido en uno de los vasos sanguíneos.

Los diabéticos tienen mayores probabilidades de padecer un infarto de miocardio que las personas sanas. No se puede cambiar el hecho de tener diabetes, pero se pueden adoptar ciertas medidas para mantener el corazón sano.

CÓMO REDUCIR EL RIESGO DE INFARTO DE MIOCARDIO

- Controle su diabetes. El mantenimiento de la glucemia dentro de los límites (véase el apartado Glucemia) y el cumplimiento de los objetivos de glucohemoglobina (véase el apartado Prueba de la A1C) pueden evitar o retrasar la alteración de los vasos sanguíneos.
- Tire los cigarrillos. Fumar provoca el estrechamiento de los vasos sanguíneos y estimula la acumulación de grasa y colesterol en las paredes de los mismos. Fumar incluso puede acelerar la coagulación de la sangre.

- Si tiene hipertensión arterial, trabaje con su equipo sanitario para controlarla. La hipertensión arterial hace trabajar más al corazón. Esto lo debilita. La tensión arterial puede reducirse con una alimentación saludable, ejercicio, pérdida de peso y antihipertensivos.
- Consiga un libro de recetas bajas en grasas y en colesterol y aprenda a cocinar platos saludables y apetitosos. Un nivel de colesterol elevado puede dañar los vasos sanguíneos.
- Practique ejercicio durante 15 minutos al día tres veces por semana con el objetivo de llegar a 30 minutos tres veces por semana. Pruebe a caminar, ir en bicicleta o nadar. Éstos y otros ejercicios aeróbicos (véase el apartado Ejercicio aeróbico) pueden reducir la tensión arterial, el nivel de colesterol LDL y los triglicéridos, y aumentar el colesterol HDL. Los ejercicios aeróbicos pueden mejorar la salud cardíaca en general, estimular el adelgazamiento y reducir el estrés.
- Si tiene sobrepeso, ¡adelgace unos kilos! Adelgazar, aunque sea un poco, con una alimentación saludable y ejercicio reduce la tensión arterial y mejora las concentraciones de colesterol.
- Conozca sus concentraciones de lípidos: HDL, LDL y triglicéridos.

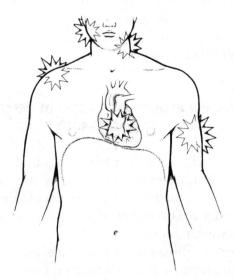

Un infarto de miocardio puede provocar dolor en el tórax, el cuello, los hombros, los brazos o la mandíbula.

- Mantenga la calma ante el estrés (véase el apartado Aliviar el estrés). El exceso de estrés puede elevar la tensión arterial y el nivel de glucemia.
- Si tiene la menopausia, consulte a su médico acerca de los estrógenos femeninos. Los estrógenos pueden tener beneficios saludables para el corazón. No obstante, no están exentos de riesgos. Pregunte a su médico si en su caso los beneficios son mayores que los riesgos.
- Esté atento a las señales de alerta de un infarto de miocardio. Hay que saber qué hacer si aparecen las señales de alerta.

SEÑALES DE ALERTA DE UN INFARTO DE MIOCARDIO

- Dolor, tensión, presión o compresión prolongados en el tórax.
- Dolor que se extiende hacia el cuello, los hombros, los brazos o la mandíbula.
- Dificultades para respirar o hipo.
- Mareo o desmayo.
- Sudor.
- Náuseas.

Nota especial: En ocasiones el dolor que sienten los diabéticos es muy leve o no sienten dolor alguno.

SI CREE QUE TIENE UN INFARTO DE MIOCARDIO

1. Pida por teléfono una ambulancia.
2. Diga a las personas que se encuentran a su alrededor que cree que tiene un infarto de miocardio. De lo contrario, si se desmaya, pueden perder el tiempo intentando averiguar qué sucede.

Insulina

La insulina es una hormona que ayuda a la glucosa a entrar en las células del organismo. Las células utilizan glucosa para generar energía. La insulina se produce en el páncreas. El páncreas se encuentra detrás del estómago.

En la diabetes tipo 1, el páncreas ya no produce insulina o sólo produce una cantidad muy pequeña. Por este motivo hay que tomar insulina.

En la diabetes tipo 2, el páncreas sigue produciendo insulina. Sin embargo, no produce lo suficiente, al organismo le cuesta utilizar la insulina o ambas cosas a la vez. Puede que haya que tomar antidiabéticos orales o insulina.

ACCIÓN DE LA INSULINA

La acción de la insulina se divide en tres partes: inicio, acción máxima y duración. El inicio es lo que tarda la insulina en empezar a actuar. La acción máxima equivale al período durante el que la insulina actúa con mayor intensidad. La duración es el tiempo de actuación de la insulina.

En la tabla de la página siguiente se presentan los tiempos de inicio, acción máxima y duración en intervalos. El principal motivo de estos intervalos es que la insulina puede actuar más despacio o más deprisa en una persona que en otra.

ACCIÓN DE LA INSULINA				
Tipo	Inicio (horas)	Acción máxima (horas)	Duración real (horas)	Duración máxima (horas)
Aspart	0,25	0,5-1,5	2-4	4-6
Lispro	0,25	0,5-1,5	2-4	4-6
Ordinaria	0,5-1	2-3	3-6	6-10
Isófana	2-4	4-10	10-16	14-18
Lenta	3-4	4-12	12-18	16-20
Ultralenta	6-10	-	18-20	20-24
Glargina	3-5	No hay acción máxima	24	24

CONCENTRACIÓN DE LA INSULINA

Las insulinas vienen disueltas en líquidos. La mayoría de las personas utilizan insulina U-100. Esto significa que hay 100 unidades de insulina por milímetro de líquido. Si se inyecta insulina, es importante que emplee una jeringa que se ajuste a la concentración que se va a inyectar. Por ejemplo, si utiliza insulina U-100, emplee una jeringa U-100.

CONSERVACIÓN DE LA INSULINA

Los fabricantes de insulina aconsejan conservar la insulina en la nevera antes de abrirla. No debe guardarse en el congelador ni dejar que se caliente al sol. Las temperaturas extremas pueden destruir la insulina. La mayoría de los médicos creen que el frasco de insulina que se está utilizando puede conservarse a temperatura ambiente como máximo durante un mes.

Seguridad de la insulina

Compruebe la fecha de caducidad antes de abrir la insulina. Si la fecha ya ha pasado, no la utilice. Si la fecha aún no ha pasado, fíjese detenidamente en la insulina que hay en el frasco. Si se trata de insulina aspart, lispro, glargina o insulina ordinaria debería ser transparente, sin partículas ni color. Si se trata de insulina isófana, lenta o ultralenta, debería estar turbia, pero no debería contener partículas ni cristales.

Si la insulina no tiene el aspecto que debería tener, devuelva el frasco sin abrir al lugar en el que lo compró para que se lo cambien por otro o le reembolsen el importe.

Tratamiento con insulina

El médico le ayudará a planificar qué clases de insulina tiene que tomar, qué dosis y cuándo. Es importante seguir este plan rigurosamente. Puede tratarse de un plan terapéutico habitual o intensivo.

El tratamiento habitual con insulina implica inyectarse la misma dosis de insulina una o dos veces al día a las mismas horas cada día. Suele tratarse de una inyección por la mañana y otra por la noche.

El tratamiento habitual con insulina puede ir bien o puede provocar hiperglucemia, pero normalmente no suelen presentarse casos de hiperglucemia o hipoglucemia graves.

El tratamiento intensivo con insulina implica inyectarse insulina tres o más veces al día o utilizar una bomba de insulina. La dosis de insulina se modifica según los resultados de los análisis de glucemia, lo que se tiene previsto comer o los ejercicios o actividades que van a realizarse.

El objetivo del tratamiento intensivo es mantener la glucemia muy cerca de las concentraciones normales. Puesto que se mantiene un nivel de glucemia más bajo, las probabilidades de experimentar hipoglucemia son mayores. También se puede engordar.

Consulte con el equipo sanitario cuál es la insulina que más le conviene. El mejor tratamiento es el que ayuda a alcanzar los objetivos glucémicos y de la prueba de la A1C.

Inyecciones de insulina

La insulina no puede tomarse en pastillas. Se degradaría como los alimentos antes de ejercer su acción. Tiene que inyectarse por debajo de la piel, en la grasa, para funcionar bien. Las inyecciones en la grasa son mucho menos dolorosas que en el músculo. Además, si la insulina se inyecta en el músculo no funciona tan bien. Normalmente actúa demasiado deprisa.

DÓNDE HAY QUE INYECTAR LA INSULINA

Al escoger un lugar para inyectar la insulina, hay que pensar en la zona y el punto de inyección. Las zonas son lugares del cuerpo donde es bueno inyectar insulina. Cuatro zonas buenas son:

1. Abdomen (en cualquier lugar situado a más de 5 cm del ombligo).
2. Parte superior del brazo (cara externa).
3. Nalgas (en cualquier lugar).
4. Muslos (cara frontal y externa, no en el muslo interno ni por encima de la rodilla).

Estas zonas absorben la insulina a distintas velocidades. El abdomen es el que absorbe la insulina más rápido, seguido de los brazos, las nalgas y los muslos. Puede inyectarse la insulina en la misma zona porque ya sabe cómo actuará. O puede escoger la zona en función de lo deprisa o lo despacio que quiera que empiece a actuar la insulina.

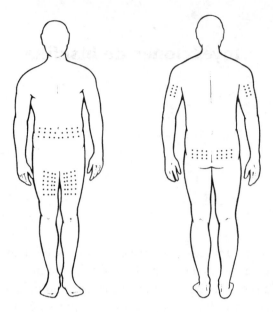

Puntos de inyección de insulina.

Una pauta consiste en inyectarse las dosis de insulina del desayuno y el almuerzo en los brazos y el abdomen (las zonas de absorción más rápida) e inyectarse las dosis de la cena y la hora de acostarse en las nalgas y los muslos (las zonas de absorción más lenta). El médico puede proponer otra pauta. Sea cual sea la pauta, hay que llevar un control de cómo responde el organismo mediante el análisis de la glucemia y la anotación de los resultados.

Imagínese que cada una de esas zonas está repleta de círculos separados 2,5 cm entre sí. Cada círculo representa un punto. El número de puntos depende del tamaño del cuerpo. Cuanto mayor es el cuerpo, más puntos habrá en cada zona.

Dentro de cada área, lo mejor es alternar los puntos de inyección cada vez. Esto se denomina rotación de puntos. Para alternar los puntos, se utiliza un círculo distinto para cada inyección hasta que se hayan agotado todos los círculos. Luego se vuelve a empezar de nuevo. Si todas las inyecciones se aplican en el mismo lugar, puede dañarse el tejido que hay debajo de la piel.

Cómo inyectar la insulina

1. Lavarse las manos con agua y jabón. Secárselas.
2. Limpiar el punto de inyección.
3. Limpiar la parte superior del vial de insulina con isopropanol al 70 %.
4. Hacer rodar suavemente el vial entre las manos para mezclar la insulina (esto no es necesario con la insulina lispro u ordinaria).
5. Introducir aire en la jeringa. Detenerse en la marca que indica la dosis de insulina deseada. Inyectar el aire en el vial. Esto evita crear un vacío.
6. Girar el frasco boca abajo. Introducir la insulina en la jeringa. Detenerse en la marca que indica el número de unidades deseado. Cuando se mezclan tipos distintos de insulina, primero hay que introducir la insulina de acción más corta.
7. Comprobar si hay burbujas de aire. Si es así, sacudir dos veces la jeringa en posición vertical con el dedo índice para eliminarlas.
8. Coger con cuidado un pliegue de carne entre el pulgar y el índice.
9. Introducir la aguja a través de la piel con un ángulo de 90°. Las personas que están delgadas puede que tengan que introducir la aguja con un ángulo de 45° para, de esta manera, evitar el músculo.
10. En cuanto la aguja está dentro, empujar el émbolo para inyectar la insulina.
11. Extraer la aguja.

Cómo hacer que la inyección resulte más cómoda

Las jeringas para inyectar insulina tienen unas agujas diminutas con un revestimiento resbaladizo para que entren fácilmente. La mayoría de las personas considera que las inyecciones de insulina no duelen demasiado si se aplican correctamente.

• Inyectar la insulina a temperatura ambiente. La insulina fría recién salida de la nevera puede causar mayor dolor.

- Asegurarse de que no hay burbujas de aire en la jeringa antes de inyectar la insulina.
- Relajar los músculos de la zona de inyección.
- Pinchar la piel rápidamente.
- Mantener la aguja en la misma dirección al introducirla y extraerla.
- Utilizar agujas afiladas, no romas.

CÓMO REUTILIZAR LAS JERINGAS

Los fabricantes de jeringas desechables recomiendan utilizarlas sólo una vez; no pueden garantizar la esterilidad de la jeringa. Si quiere utilizar las jeringas más de una vez, consúltelo antes con el médico.

- Tapar la aguja después de cada uso para mantenerla limpia.
- Evitar que la aguja entre en contacto con cualquier otra cosa que no sea piel limpia y el tapón del vial de insulina.
- Conservar la jeringa usada a temperatura ambiente.
- Tirar la jeringa cuando la aguja esté roma, se haya doblado o haya entrado en contacto con alguna otra superficie que no sea la piel del diabético o el tapón del vial de insulina.
- No intentar limpiar la jeringa con alcohol. El alcohol puede eliminar el revestimiento resbaladizo que hace que las inyecciones sean menos dolorosas.
- Vigilar las infecciones que puedan aparecer en el punto de inyección.

CÓMO DESHACERSE DE LAS JERINGAS

La mejor manera de deshacerse de las jeringas y las agujas es colocarlas en un contenedor no perforable de plástico muy resistente o en uno de metal con una tapa atornillada o una tapa que pueda cerrarse herméticamente antes de tirarlo a la basura.

Otra manera de deshacerse de las jeringas es con un aparato que corta, arranca y almacena las agujas en un compartimento cerrado.

En Estados Unidos, algunos Estados exigen que el diabético destruya las jeringas y las agujas de insulina. Pero vaya con cuidado si tapa, dobla o rompe la aguja: usted u otra persona podría pincharse.

Puede haber normas especiales para deshacerse de las jeringas y las agujas donde usted vive. Pregunte a la empresa de limpieza local o a la autoridad de recogida de residuos de su ciudad o su territorio qué método cumple sus normas.

Lesión nerviosa

La lesión nerviosa se denomina neuropatía. Esta enfermedad afecta a los nervios situados fuera del cerebro y la médula espinal, que se denominan nervios periféricos. Existen tres tipos de nervios periféricos: motores, sensitivos y autónomos. La neuropatía puede afectar a cualquiera de estos nervios:

Los nervios motores controlan el movimiento voluntario. Los movimientos voluntarios son los que uno mismo se manda hacer, como sentarse, ponerse de pie y caminar. La lesión de los nervios motores puede debilitar los músculos e impedir que realicen estas actividades.

Los nervios sensitivos permiten sentir y tocar. Los nervios sensitivos indican si algo está frío o caliente. Con los nervios sensitivos puede percibirse si algo es liso o áspero, blando o duro. Estos nervios también permiten sentir el dolor. La lesión de los nervios sensitivos puede provocar una pérdida de la sensación.

Los nervios autónomos controlan las actividades involuntarias. Estas actividades son las que el cuerpo realiza sin que haya que indicárselo. No hay que indicar a los pulmones que inspiren y espiren ni al corazón que lata. La lesión de los nervios autónomos puede dificultar el funcionamiento de los órganos del cuerpo.

Existen muchos tipos de neuropatía. Dos de los más frecuentes son la polineuropatía simétrica distal y la neuropatía autónoma.

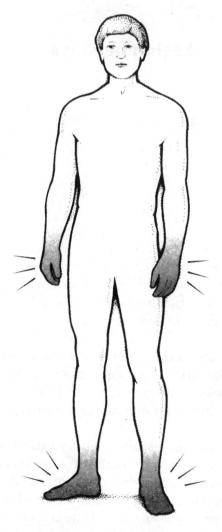

La polineuropatía simétrica distal puede afectar a los pies, las piernas o las manos.

POLINEUROPATÍA SIMÉTRICA DISTAL

La polineuropatía simétrica distal es una lesión nerviosa de los pies y las piernas y a veces también de las manos. Distal significa que afecta a las partes del cuerpo que están alejadas del tronco. Simétrica significa que aparece a ambos lados del cuerpo. Polineuropatía significa que hay más de un nervio dañado.

INDICIOS DE LESIÓN NERVIOSA EN LOS PIES,
LAS PIERNAS O LAS MANOS

- Frío, entumecimiento.
- Hormigueo, escozor.
- Picazón, picor.
- Sensación de que andan bichos por la piel.
- Sensación de caminar sobre una superficie extraña.
- Debilidad muscular.
- Dolor profundo.
- Hipersensibilidad cutánea.
- Dolor al tacto con las sábanas o la ropa.
- Sensaciones parecidas a una descarga eléctrica.
- Pinchazos de dolor.

Si percibe alguna de estas señales, comuníqueselo a su médico.
Los indicios de lesión nerviosa en los pies, las piernas o las manos
suelen empeorar por la noche. Con frecuencia, mejoran si se levanta de la cama y camina un poco.

NEUROPATÍA AUTÓNOMA

Los nervios autónomos controlan el corazón, los pulmones,
los vasos sanguíneos, el estómago, los intestinos, la vejiga y los órganos sexuales.

CORAZÓN, PULMONES Y VASOS SANGUÍNEOS

La lesión nerviosa del corazón, los pulmones y los vasos sanguíneos puede afectar a la frecuencia cardíaca y la tensión arterial.
El corazón puede latir con fuerza y rapidez cuando está en reposo. Puede marearse o desmayarse al ponerse de pie rápidamente.
La tensión arterial puede aumentar mientras duerme y disminuir
cuando está de pie. Puede sufrir un infarto de miocardio sin sentir
dolor.

ESTÓMAGO, INTESTINOS Y VEJIGA

La lesión nerviosa del estómago puede afectar a la digestión. Puede tener sensación de indigestión, incluso después de una comida frugal, y puede tener náuseas. Tal vez vomite los alimentos que ingirió antes de la última comida.

La lesión de los nervios del intestino puede provocar diarrea o estreñimiento. Si se encuentran dañados los nervios de la vejiga, no podrá saber cuándo está llena de orina. Puede que tenga pérdidas más o menos abundantes. La orina que permanece en la vejiga puede provocar una infección urinaria.

Los indicios de infección urinaria comprenden la necesidad de miccionar con frecuencia, dolor o escozor al miccionar, orina turbia o sanguinolenta, dolor lumbar o abdominal, fiebre y escalofríos.

ÓRGANOS SEXUALES

La lesión nerviosa de los órganos sexuales puede generar impotencia en los varones y sequedad vaginal o pérdida de sensación en las mujeres (véase el apartado Sexo y diabetes).

CÓMO PREVENIR O REDUCIR LA LESIÓN NERVIOSA

Mantener el nivel de glucemia lo más cerca posible de las concentraciones normales. Cuando hay demasiada glucosa en la sangre, una gran cantidad va a las neuronas. Una vez dentro de ellas, este exceso de glucosa forma alcoholes de azúcar. Los alcoholes de azúcar se acumulan y las neuronas no funcionan tan bien como antes. Al cabo de varios años de presentar un exceso de glucosa, los nervios quedan dañados.

Dejar de fumar. Los nervios se nutren a través de vasos sanguíneos de pequeño tamaño. Fumar afecta a estos vasos sanguíneos. Los vasos sanguíneos afectados no transportan oxígeno a los nervios. Los nervios sin oxígeno quedan dañados. Si ya padece una lesión nerviosa, fumar la empeorará.

Beber menos alcohol. Beber demasiado alcohol puede provocar una lesión nerviosa. Si ya padece una, beber alcohol la empeorará.

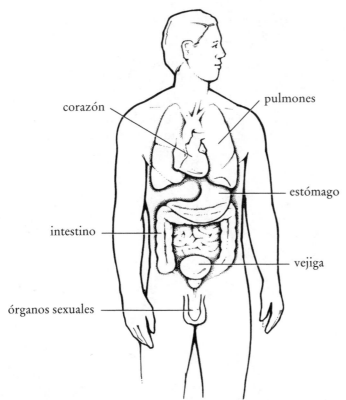

corazón

pulmones

estómago

intestino

vejiga

órganos sexuales

La neuropatía autónoma puede afectar al corazón, los pulmones, los vasos sanguíneos, el estómago, el intestino, la vejiga o los órganos sexuales.

Mantener la tensión arterial por debajo de 130/80 mmHg. La hipertensión arterial es agresiva para los vasos sanguíneos. Los vasos sanguíneos debilitados no nutren tan bien a los nervios y éstos quedan dañados.

Mantener el colesterol por debajo de 200 mg/dl. Un nivel de colesterol elevado puede afectar a los vasos sanguíneos. Los vasos sanguíneos afectados no pueden proporcionar a los nervios el oxígeno que necesitan y éstos quedan dañados.

Someterse a un reconocimiento anual para determinar si hay una lesión nerviosa. Un médico puede realizar varias pruebas distintas para comprobar el estado de los nervios. Si se detecta una lesión, pueden administrarse tratamientos. Cuanto antes se detecta la lesión, mejor es la respuesta al tratamiento.

Lípidos

Lípidos es otro término utilizado para denominar a las grasas sanguíneas. Las grasas forman parte de todas las células del organismo y comprenden el colesterol y los triglicéridos. El organismo produce colesterol y triglicéridos. El colesterol también se puede obtener de los alimentos de origen animal.

El organismo utiliza el colesterol para construir las paredes celulares y producir ciertas vitaminas y hormonas, y usa los triglicéridos como depósitos de grasa. Los depósitos de grasa mantienen el cuerpo caliente, protegen los órganos corporales y proporcionan reservas de energía.

El colesterol y los triglicéridos circulan por el cuerpo en la sangre. Estas dos grasas sólo pueden circular si son transportadas por las lipoproteínas (*lipo* significa «grasa»), de ahí que se denominen lípidos. Tres clases de lípidos son:

1. Lipoproteínas de muy baja densidad (VLDL): las VLDL transportan triglicéridos, colesterol y también otras grasas. Las VLDL depositan los triglicéridos y otras grasas en los tejidos grasos. Entonces, las VLDL se convierten en LDL.
2. Lipoproteínas de baja densidad (LDL): las LDL transportan el colesterol a las partes del cuerpo que lo necesitan. Por el camino, el colesterol LDL puede adherirse a las paredes de los vasos sanguíneos. La presencia de colesterol en las paredes de los vasos sanguíneos puede producir aterosclerosis o endurecimiento de las arterias. Cuanto menos LDL haya en la sangre, mejor.

3. Lipoproteínas de alta densidad (HDL): las HDL transportan el colesterol de los vasos sanguíneos al hígado. El hígado degrada el colesterol y lo elimina del organismo. Cuanto más HDL haya en la sangre, mejor.

Con frecuencia, los diabéticos tienen concentraciones elevadas de lípidos. Esto acarrea el riesgo de sufrir cardiopatía, infarto de miocardio y apoplejía. Si quiere reducir este riesgo, primero averigüe sus concentraciones de lípidos.

Concentraciones de lípidos más saludables

- Colesterol total inferior a 200 mg/dl.
- Colesterol LDL inferior a 100 mg/dl.
- Colesterol HDL superior a 40 mg/dl para los varones y 50 mg/dl para las mujeres.
- Triglicéridos inferiores a 150 mg/dl.

Si sus concentraciones de lípidos coinciden con estas cifras, ¡fantástico! Si no es así, pruebe a adoptar las siguientes medidas.

CÓMO MEJORAR LAS CONCENTRACIONES DE LÍPIDOS

- Primero, controle la diabetes. Controlar la diabetes significa mantener la glucemia dentro del intervalo establecido por el médico. Cuando la diabetes está fuera de control, resulta más difícil mejorar las concentraciones de lípidos.
- Adelgace si es necesario. Los kilos de más dificultan el control glucémico y pueden elevar el nivel de colesterol total. Además, adelgazar aumenta el nivel de colesterol HDL bueno.
- Empiece a reducir el consumo de grasas saturadas (véase el apartado Alimentación saludable). El hígado utiliza las grasas ingeridas para producir VLDL. Cuantas más grasas se consumen, más VLDL produce el hígado. Una mayor cantidad de VLDL significa más colesterol LDL malo.
- Sustituya las grasas saturadas (mantequilla, manteca de cerdo) por grasas monoinsaturadas (aceite de colza y de oliva). Las grasas saturadas elevan las concentraciones de colesterol LDL y total. Las grasas monoinsaturadas las reducen.
- Tome menos alimentos ricos en colesterol. Estos alimentos comprenden la carne orgánica, como el hígado, y las yemas de huevo. Si toma huevos cada día, pruebe a reducir la cantidad a tres o cuatro por semana. También puede probar a utilizar sólo las claras de huevo o un sucedáneo del huevo.
- Tome más alimentos ricos en fibra. La fibra soluble ayuda a eliminar el colesterol del organismo. La avena, las alubias, los garbanzos, la fruta fresca y el arroz integral son opciones estupendas para tomar fibra.
- Vaya de excursión o dé un paseo. Los ejercicios aeróbicos, como caminar a paso ligero, hacer footing, nadar y esquiar, elevan el nivel de colesterol HDL bueno. Busque ejercicios que le gusten.
- Si fuma, reduzca el número de cigarrillos o deje de fumar. Fumar disminuye el colesterol HDL bueno.
- Tome la medicación que le ha recetado el médico.

Compruebe sus concentraciones de lípidos como mínimo una vez al año o más a menudo si se lo recomienda el médico.

Médico

Su especialista en diabetes puede ser un internista, un médico de familia, una enfermera practicante o un auxiliar médico que atiende a diabéticos. Su médico puede ser un endocrinólogo o un diabetólogo. Un endocrinólogo posee una formación y una titulación especiales para tratar enfermedades como la diabetes. Un diabetólogo es un médico que tiene un interés especial por la diabetes.

El tipo de especialista en diabetes no es tan importante como la clase de cuidados que recibe el diabético. La American Diabetes Association ha elaborado unas directrices para informar al médico de cómo debe atender al diabético. Estas directrices se denominan «Normas de asistencia médica para diabéticos». Las encontrará en las *Clinical Practice Recommendations,* un suplemento anual del número de enero de la revista *Diabetes Care.* No olvide darlas a conocer a su médico.

Las directrices también pueden ayudar al paciente. Le indican qué debe esperar de su médico. De este modo, puede comprobar si el médico le proporciona los mejores cuidados. He aquí un ejemplo del alcance de las directrices.

PRIMERA CONSULTA

Durante la primera consulta con un médico nuevo que va a tratar la diabetes, hay que pedirle ayuda para formar un equipo sanitario (véase el apartado Equipo sanitario). En la primera consulta, el médico u otro miembro del equipo sanitario:

- Le preguntará cuándo descubrió que era diabético.
- Le pedirá los resultados de las pruebas analíticas.
- Le preguntará qué otros familiares son diabéticos.
- Le preguntará cómo trata su diabetes.
- Le preguntará cómo y cuándo come.
- Le preguntará con qué frecuencia e intensidad practica ejercicio.
- Le preguntará cuánto pesa.
- Le preguntará si fuma.
- Le preguntará si padece hipertensión arterial.
- Le preguntará si tiene un nivel de colesterol elevado.
- Le preguntará si ha tenido cuerpos cetónicos en la orina.
- Le preguntará si ha padecido hipoglucemia.
- Le preguntará qué infecciones ha tenido.
- Le preguntará qué complicaciones ha tenido.
- Le preguntará qué tratamientos le han recetado.
- Le preguntará qué medicamentos toma.
- Le preguntará qué otros problemas médicos ha experimentado anteriormente.
- Le preguntará si tuvo problemas durante el embarazo.
- Determinará su estatura, su peso y su tensión arterial.
- Le examinará los ojos y le preguntará acerca de sus problemas oculares.
- Le examinará la boca y le preguntará acerca de sus problemas dentales.
- Le palpará el cuello para explorar la glándula tiroides y le realizará pruebas si es necesario.
- Le auscultará el corazón con un estetoscopio.
- Le palpará el abdomen para explorar el hígado y también otros órganos.
- Le examinará las manos y los dedos.
- Le examinará los pies.
- Comprobará la sensibilidad y los pulsos de los pies.
- Le examinará la piel.
- Comprobará sus reflejos.
- Le tomará el pulso.
- Le pedirá una muestra de sangre y de orina para realizar un análisis.

Consultas posteriores

El médico le dirá cuándo debe volver para someterse a otro reconocimiento. Puede que quiera verle de dos a cuatro veces al año.

Si toma insulina o tiene problemas para alcanzar los niveles de glucemia adecuados, puede que el médico prefiera verle cuatro veces o más al año.

Si tiene complicaciones o si introduce una innovación en el plan de cuidados de la diabetes, puede que el médico quiera verle incluso más a menudo.

Cuando vuelva, el médico u otros miembros del equipo sanitario:

- Le pedirán ver los registros de glucemia.
- Le preguntarán si su glucemia ha aumentado o ha disminuido demasiado.
- Le preguntarán acerca de indicios que podrían indicar que está desarrollando una complicación.
- Le preguntarán si ha tenido alguna enfermedad desde la última consulta.
- Le preguntarán qué medicamentos toma.
- Le preguntarán si le ha cambiado la vida.
- Le preguntarán si tiene problemas con el plan de cuidados.
- Le pesarán y le tomarán la tensión arterial.
- Le examinarán los ojos.
- Le examinarán los pies.
- Le tomarán una muestra de sangre para realizar una prueba de la A1C.
- Solicitarán un análisis de orina.
- Solicitarán pruebas de la función renal.
- Solicitarán análisis para comprobar las concentraciones sanguíneas de grasas.
- Repasarán el plan de cuidados para ver si ha cumplido sus objetivos.
- Le expondrán algunas variaciones del plan de cuidados si están de acuerdo en que se necesitan cambios.

Nefropatía

Los riñones limpian la sangre. Ésta fluye a través de filtros situados en los riñones. En los riñones sanos, los filtros dejan que los residuos pasen a la orina mientras conservan los elementos buenos y útiles en la sangre. Pero la diabetes puede dañar los riñones. Y los riñones dañados pueden desarrollar una enfermedad renal, también denominada nefropatía.

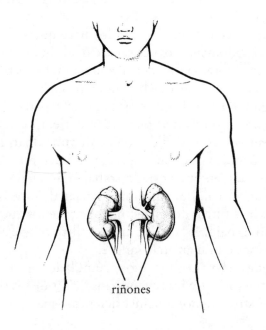

riñones

Los riñones están situados a ambos lados de la región dorsal de la espalda.

Evolución de la nefropatía

En la nefropatía, los riñones primero se agotan, luego experimentan pérdidas, no son capaces de filtrar y, finalmente, fallan.

Filtros agotados. Con frecuencia, los diabéticos tienen unas concentraciones elevadas de glucosa en la sangre. Esto hace que los riñones filtren la sangre más a menudo de lo que es realmente necesario. Este trabajo adicional puede resultar duro para los riñones. Los filtros pueden trabajar en exceso.

Filtros con pérdidas. Los filtros agotados pueden tener pérdidas. Una de las sustancias que pueden perder es una proteína denominada albúmina. La albúmina se filtra en la orina. La primera señal externa de que existe un problema renal es la presencia de una pequeña cantidad de albúmina en la orina. A medida que la albúmina se filtra en la orina, la concentración de esta proteína en la sangre disminuye.

Filtros con pérdidas abundantes. Una función de la albúmina es retener el agua en la sangre. Si no hay suficiente albúmina en la sangre, los vasos sanguíneos pierden agua. El agua puede acabar en los tobillos, el abdomen y el tórax.

El agua almacenada en los tobillos hace que se hinchen. Si se acumula en el abdomen, provoca sensación de indigestión. Y si queda retenida en el tórax dificulta la respiración. Éstos pueden ser los primeros signos físicos de que hay algún problema con los riñones, pero son signos tardíos de que existe una nefropatía.

Filtros que no funcionan bien. Con el tiempo, algunos de los filtros agotados y con pérdidas dejan de funcionar. Esto implica más trabajo para los que todavía están en buen estado. Al principio, los que están en buen estado trabajan más para compensar a los que no funcionan. Luego, también dejan de funcionar.

Cuantos más filtros dejan de funcionar, menos quedan para hacer el mismo trabajo. A la larga, ningún filtro puede eliminar residuos y éstos se acumulan en la sangre.

Filtros que fallan. Los residuos acumulados en la sangre alcanzan concentraciones tóxicas cuando los filtros de los riñones ya no funcionan. Esto se denomina insuficiencia renal o nefropatía terminal.

Una persona con insuficiencia renal tiene que someterse a un trasplante de riñón o a diálisis. En el trasplante de riñón, el enfermo recibe un nuevo riñón de otra persona. En la diálisis, se depura la sangre con una solución o una máquina. Pueden tomarse ciertas medidas para enlentecer la evolución de la nefropatía antes de que aparezca la insuficiencia renal.

INDICIOS DE INSUFICIENCIA RENAL

Mal sabor de boca	Facilidad para magullarse
Poco apetito	Piernas inquietas
Descomposición	Falta de sueño por la noche
Vómitos	Falta de concentración

CÓMO ENLENTECER LA NEFROPATÍA

Mantener el nivel de glucemia dentro de las concentraciones normales. El mantenimiento de la glucemia dentro de las concentraciones normales se denomina control estricto. El control estricto de la glucemia puede enlentecer la evolución de la nefropatía más que cualquier otra cosa.

Hacer que el médico compruebe cómo funcionan los riñones. Existen análisis de orina y de sangre para detectar el inicio y la evolución de la nefropatía. Dos tipos de análisis de sangre (para comprobar la concentración sérica de urea y el nivel de creatinina sérica) y un análisis de orina (el aclaramiento de la creatinina) indican en qué medida los riñones eliminan los residuos. Otro tipo de análisis de orina (para saber la velocidad de excreción de la albúmina) pone de manifiesto si los riñones tienen pérdidas.

Vigilar la tensión arterial. Cuando los filtros de los riñones no funcionan bien, el organismo retiene más sal y agua. Esto puede elevar la tensión arterial. La hipertensión arterial hace que los riñones trabajen más y puedan dañarse más.

Si tiene hipertensión arterial, intente mantenerla por debajo de 130/80 mmHg. Algunas maneras de reducir la tensión arterial son adelgazar, tomar menos sal y evitar el alcohol.

Consulte al médico acerca de los fármacos que reducen la tensión arterial. Hay dos clases de antihipertensivos, denominados

IECA (inhibidores de la enzima de conversión de la angiotensina) y BRA (bloqueadores de los receptores de angiotensina), que incluso pueden enlentecer la evolución de la nefropatía.

Limitar el consumo de proteínas. Algunos investigadores han observado que si se limita el consumo de proteínas, se puede enlentecer la nefropatía, pero los expertos no se han puesto de acuerdo en cuál es la cantidad óptima de proteínas.

La mayoría de los estadounidenses obtienen aproximadamente del 14 al 18 % de sus calorías diarias de las proteínas. La American Diabetes Association recomienda que las personas con indicios de nefropatía obtengan aproximadamente el 10 % de sus calorías diarias de las proteínas.

Los alimentos ricos en proteínas comprenden la carne, el pescado, las aves, los huevos, la leche, los quesos, las legumbres, los cereales integrales y los frutos secos y las semillas. Hay que trabajar con el dietista para elaborar un plan de comidas bajo en proteínas, si es necesario.

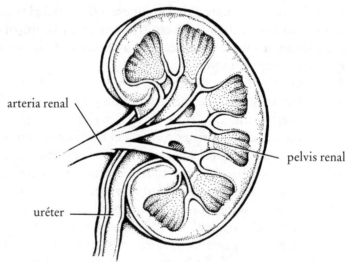

Detalle de un riñón.

Nutrición

Nutrición significa obtener nutrientes (proteínas, hidratos de carbono, grasas, vitaminas y minerales) a partir de lo que comemos y bebemos. Lo que una persona come y bebe afectará a su nivel de glucemia y a su peso.

La American Diabetes Association (ADA) establece directrices nutricionales para los diabéticos. Muchas de estas directrices sirven también para las personas sanas.

CALORÍAS

La ADA recomienda que el diabético y su equipo sanitario decidan cuántas calorías tiene que ingerir el diabético en un día para mantener un peso saludable.

No olvide que la grasa tiene más del doble de calorías que los hidratos de carbono o las proteínas. 1 g de hidratos de carbono tiene 4 calorías. 1 g de proteínas también tiene 4 calorías. 1 g de grasa tiene 9 calorías.

HIDRATOS DE CARBONO

La ADA recomienda que el diabético y su equipo sanitario decidan exactamente qué cantidad de hidratos de carbono consumirá el diabético al día. Los hidratos de carbono comprenden los azúcares y los almidones (véase el apartado Alimentación saludable).

COLESTEROL

La ADA recomienda tomar menos de 300 mg de colesterol al día. Si tiene el colesterol LDL elevado, tome menos de 200 mg al día.

GRASAS

1. *Si presenta unas concentraciones sanguíneas de grasas normales y no tiene sobrepeso:*

   - Obtenga menos del 30 % de las calorías a partir de las grasas.
   - Obtenga menos del 10 % de las calorías a partir de las grasas saturadas.

2. *Si tiene un nivel de colesterol LDL elevado:*

   - Obtenga menos del 30 % de las calorías a partir de las grasas.
   - Obtenga menos del 7 % de las calorías a partir de las grasas saturadas.

3. *Si tiene sobrepeso:*

   - Obtenga del 20 al 25 % de las calorías a partir de las grasas.

FIBRA

La ADA recomienda consumir de 20 a 35 g de fibra al día. Esta recomendación es la misma sea diabético o no.

PROTEÍNAS

La ADA recomienda obtener del 10 al 20 % de las calorías diarias a partir de las proteínas. En caso de nefropatía, la ADA recomienda obtener aproximadamente el 10 % de las calorías diarias a partir de las proteínas.

Sodio

Una regla general consiste en no ingerir más de un miligramo de sodio por cada caloría que se consume al día. Por ejemplo, si se sigue una dieta de 2.000 calorías al día, no habría que ingerir más de 2.000 mg de sodio al día. La ADA recomienda que:

1. *Si tiene una tensión arterial normal:* no tome más de 2.400 mg de sodio al día.
2. *Si tiene una tensión arterial de leve a moderadamente elevada:* tome menos de 2.400 mg de sodio al día.
3. *Si tiene hipertensión arterial y nefropatía:* tome 1.500 mg o menos de sodio al día.

Edulcorantes

La ADA aprueba el uso de cuatro edulcorantes en cantidades moderadas. Se trata del aspartamo, la sacarina, el acesulfamo de potasio y la sucralosa.

La Food and Drug Administration (FDA) de Estados Unidos estipula una ingesta diaria aceptable (IDA) para los edulcorantes. Éstas son las cantidades diarias aproximadas, según el peso corporal, que una persona puede consumir sin peligro cada día durante toda su vida.

	Consumo diario aceptable (mg/kg de peso corporal)	Un sobre de edulcorante de mesa (mg)
Acesulfamo de K	15	50
Aspartamo	50	37
Sacarina	5	40
Sucralasa	5-15	5

Planificación de las comidas

La mayoría de los diabéticos sigue un plan de comidas. Dicho plan indica qué hay que comer, cuánto hay que comer y cuándo hay que hacerlo. El dietista puede ayudarle a elaborar un plan de comidas adecuado para usted. Debe basarse en:

- Lo que le gusta comer y beber.
- Las horas a las que le gusta comer y beber.
- Las calorías que necesita.
- Su nivel de actividad.
- Los ejercicios que practica.
- Las horas a las que practica ejercicio.
- Su salud.
- Su medicación.
- Las costumbres familiares o culturales.

Un plan de comidas típico comprende el desayuno, el almuerzo, la cena y un tentempié antes de acostarse. También pueden tomarse tentempiés a media mañana y a media tarde. El plan de comidas puede contemplar pautas especiales para los días de enfermedad, para el embarazo y para los viajes.

Los planes de comidas para la diabetes son saludables. Un plan de comidas saludable comprende una amplia variedad de alimentos: cereales, fruta, verduras, legumbres, productos lácteos, carne y grasas.

La constancia es un elemento muy importante del plan de comidas para la diabetes, especialmente si se toma insulina. Hay que intentar consumir la misma cantidad de calorías, las mismas cantidades y los mismos tipos de alimentos a las mismas horas cada día o modificar la insulina en consecuencia.

Hacer esto ayuda a controlar la glucemia. Si se pasa por alto una comida o un tentempié, se corre el riesgo de experimentar oscilaciones considerables de los niveles de glucemia.

Un plan de comidas también puede ayudar a cumplir otros objetivos de salud, como por ejemplo:

- Mejores concentraciones sanguíneas de grasas.
- Tensión arterial normal.
- Peso saludable.

Las listas de intercambios, el recuento de hidratos de carbono y la pirámide alimentaria son tres instrumentos del plan de comidas para diabéticos.

LISTAS DE INTERCAMBIOS

Las listas de intercambios son listas de alimentos agrupados porque se parecen. Una ración de cualquiera de los alimentos que figuran en una lista contiene aproximadamente la misma cantidad de hidratos de carbono, proteínas, grasas y calorías. Cualquier alimento de una lista puede «intercambiarse» por cualquier otro de la misma.

El dietista puede ayudar a elaborar un plan utilizando las listas de intercambios. El plan de comidas indicará la cantidad de intercambios alimentarios que pueden ingerirse en cada comida y cada tentempié. Luego, hay que seleccionar los alimentos que cuadren con esos intercambios. Al escoger los alimentos, hay que ser conscientes de que el tamaño de la ración que figura en la etiqueta puede no coincidir con el de un intercambio.

Con las listas de intercambios, siempre que se siga el plan, se ingiere una dieta equilibrada. En *Exchange lists for meal planning*, publicado por la American Diabetes Association y The American Dietetic Association, figuran 15 listas de intercambios.

Hidratos de carbono	Grasas
1. Almidones	10. Grasas monoinsaturadas
2. Fruta	11. Grasas polinsaturadas
3. Leche	12. Grasas saturadas
4. Dulces, postres y otros hidratos de carbono	**Otras listas**
5. Verduras sin almidón	13. Alimentos libres
Carne y sucedáneos de la carne	14. Alimentos combinados
	15. Comidas rápidas
6. Muy magra	
7. Magra	
8. Medianamente grasa	
9. Muy grasa	

RECUENTO DE HIDRATOS DE CARBONO

Cuando se toma una comida o un tentempié saludable, suele ser una mezcla de hidratos de carbono, proteínas y grasas. No obstante, el organismo transforma los hidratos de carbono en glucosa más rápido que las proteínas y las grasas. Los hidratos de carbono son los que provocan el aumento de la glucemia.

El recuento de hidratos de carbono implica contar alimentos que son en su mayoría hidratos de carbono. Se trata de almidones (pan, cereales, pasta), frutas y zumos de frutas, leche, yogur, helado y azúcares (miel, jarabe). No se cuentan la mayor parte de las verduras, la carne o las grasas. Estos alimentos contienen muy pocos hidratos de carbono.

Puede averiguar la cantidad de hidratos de carbono que contiene un alimento consultando *Exchange Lists for Meal Planning, Basic Carbohydrate Counting,* la información nutricional del etiquetado de los alimentos (véase el apartado Etiquetado de los alimentos) o preguntando al dietista.

Saber qué cantidad de hidratos de carbono contiene un alimento puede ayudarle a controlar la glucemia. Si se inyecta como mínimo tres o cuatro dosis de insulina al día o utiliza una bomba de insulina, puede aprender a ajustar cada dosis para cubrir la cantidad de hidratos de carbono que ingiere. Si no utiliza insulina, puede aprender a espaciar los hidratos de carbono a lo largo del día para mejorar los niveles de glucemia.

PIRÁMIDE ALIMENTARIA

Durante años, la guía de la alimentación saludable fueron los cuatro grupos de alimentos básicos. Pero en 1992, el Departamento de Agricultura de Estados Unidos (USDA) transformó los cuatro grupos de alimentos en seis. Y colocó los seis grupos de alimentos en diferentes secciones de una pirámide. Se denominó la pirámide alimentaria.

En 1995, The American Dietetic Association y la American Diabetes Association adaptaron la pirámide alimentaria del USDA a las necesidades de los diabéticos. Se denomina la pirámide alimentaria de la diabetes (véase la página siguiente).

El dietista puede enseñarle a repartir la cantidad recomendada de raciones indicadas en la pirámide entre las comidas y los tentempiés que toma en un día. Cuando utilice la pirámide, tenga presente estas tres cosas:

Variedad. Consuma una gran variedad de alimentos de los grupos alimentarios para obtener todos los nutrientes necesarios. Por ejemplo, tome más de un tipo de verdura.

Equilibrio. Tome mayores cantidades y más raciones de los grupos alimentarios que ocupan un mayor espacio en la pirámide. Los tres grupos que ocupan un mayor espacio son 1) cereales, alubias y verduras a base de almidón, 2) verduras y 3) frutas.

Tome menores cantidades y menos raciones de los grupos alimentarios que ocupan un menor espacio en la pirámide. Los tres grupos que ocupan un menor espacio son 1) leche, 2) carne y otros y 3) grasas, dulces y alcohol.

Moderación. Consuma la cantidad correcta de alimentos. La cantidad que hay que ingerir depende de los objetivos de salud, las necesidades calóricas y nutritivas, el nivel de actividad y la insulina o los antidiabéticos orales. El dietista puede ayudarle a averiguar cuánto debe comer.

Para mayor información sobre el empleo de la pirámide alimentaria de la diabetes como instrumento de planificación de las comidas, véase *Diabetes Meal Planning Made Easy: How to Put the Food Pyramid to Work for Your Busy Lifestyle,* 2ª ed., de Hope Warshaw.

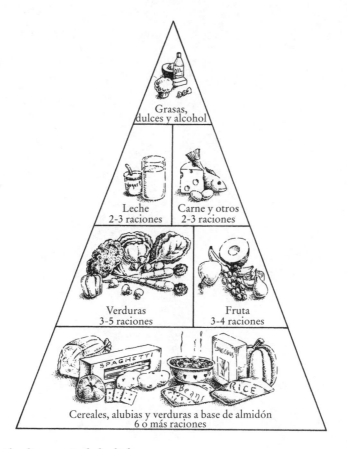

Pirámide alimentaria de la diabetes.

CUÁNDO HAY QUE IR AL DIETISTA

Vaya al dietista regularmente cuando esté aprendiendo a utilizar el plan de comidas por primera vez. Luego repase el plan de comidas con el dietista cada seis meses o cada año. Consulte al dietista sobre otros instrumentos de planificación de las comidas.

Prediabetes

La prediabetes es una afección en que la glucemia está más elevada de lo normal, pero no lo suficientemente elevada como para diagnosticar diabetes. Por lo general, una persona con prediabetes presenta glucosa en ayunas alterada o tolerancia a la glucosa alterada. Aunque la prediabetes no es un tipo de diabetes, si una persona presenta esta afección, tiene mayores probabilidades de desarrollar diabetes. Los médicos podrían llamar a la prediabetes de otras formas, como por ejemplo:

- Un poquito de azúcar.
- Diabetes limítrofe.
- Diabetes química.
- Diabetes latente.
- Posible diabetes.
- Diabetes subclínica.

Muchas personas con prediabetes no presentan ningún indicio de enfermedad y pueden tener unas concentraciones normales o prácticamente normales de glucohemoglobina (véase el apartado Prueba de la A1C). La única manera de saber con certeza si una persona tiene o no prediabetes es mediante la realización de los siguientes análisis de sangre por parte del médico.

PRUEBA DE LA GLUCEMIA EN AYUNAS

Esta prueba se realiza para establecer si una persona tiene o no glucosa en ayunas alterada, un componente de la prediabetes. En la prueba de la glucemia en ayunas, la glucemia se determina cuando la persona lleva de ocho a doce horas sin comer. Por este motivo suele realizarse a primera hora de la mañana.

Una persona sana tiene un nivel de glucemia en ayunas inferior a 100 mg/dl. Un diabético tiene una glucemia en ayunas de 126 mg/dl o más. Una persona con glucosa en ayunas alterada tiene una glucemia en ayunas que oscila entre 100 y 126 mg/dl.

PRUEBA DE TOLERANCIA A LA GLUCOSA ORAL

Esta prueba se utiliza para establecer si una persona tiene o no tolerancia a la glucosa alterada, otra clase de prediabetes. En la prueba de tolerancia a la glucosa oral, la glucemia se determina en ayunas y luego dos horas después de la prueba. Primero, se examina la glucemia cuando la persona lleva de ocho a doce horas sin comer (igual que en la prueba de la glucemia en ayunas).

Luego la persona toma una bebida que contiene 75 g de glucosa (100 g para las embarazadas) y se determina el nivel de glucemia dos horas después.

En una persona sana, la glucemia es inferior a 140 mg/dl a las dos horas de haber tomado la bebida. En el diabético, el nivel de glucemia es de 200 mg/dl o más dos horas después de tomarse la bebida. En una persona con tolerancia a la glucosa alterada, la glucemia oscila entre 140 y 200 mg/dl dos horas después de la bebida.

QUÉ HACER EN CASO DE PREDIABETES

Si una persona padece prediabetes, es más probable que tenga sobrepeso, concentraciones elevadas de triglicéridos, concentraciones bajas de HDL e hipertensión arterial. Estos factores acarrean un riesgo de padecer cardiopatía.

Si tiene prediabetes, vaya al médico como mínimo una vez al año para hacerse un análisis de glucemia. Mientras tanto, puede adoptar varias medidas para normalizar su glucemia y reducir los otros factores de riesgo:

- Adelgazar (si tiene sobrepeso).
- Reducir las concentraciones de triglicéridos y colesterol LDL (si son elevadas).
- Reducir la tensión arterial (si es elevada).
- Hacer ejercicio o aumentar su actividad.
- Consumir alimentos saludables.

Prueba de la A1C

La hemoglobina es una proteína que se encuentra dentro de los glóbulos rojos y se encarga de transportar oxígeno desde los pulmones hasta las células del organismo.

Al igual que otras proteínas, la hemoglobina puede unirse a los azúcares, como la glucosa. Cuando esto sucede, se convierte en glucohemoglobina, denominada A1C (o a veces HbA1c).

Cuanta más glucosa hay en la sangre, más hemoglobina se une a ella. Una vez unidas, la hemoglobina y la glucosa permanecen así durante toda la vida del glóbulo rojo (aproximadamente cuatro meses).

La prueba de la A1C determina la cantidad de glucohemoglobina que hay en los glóbulos rojos. Esta prueba suele llevarla a cabo un laboratorio.

Hay que tomar una muestra de sangre. Puede realizarse a cualquier hora del día. No importan los alimentos ingeridos la última vez ni tampoco el nivel de glucemia en el momento de la prueba.

QUÉ PUEDE HACER LA PRUEBA DE LA A1C

- Informar sobre el nivel de glucemia de los últimos dos o tres meses. De este modo puede comprobarse cómo ha ido el control glucémico.
- Permitir comparar los resultados de la prueba de la A1C con los análisis de glucemia realizados por el propio paciente o por el médico. Si los resultados no concuerdan, quizás haya que modificar la manera o la hora en que se realiza el análisis.

- Ayudar a valorar si el plan de cuidados de la diabetes funciona o no. Si el nivel de glucemia a largo plazo es elevado, quizás habrá que modificar algún componente del plan.
- Demostrar cómo afecta a la diabetes una modificación del plan de cuidados. Quizás empezó a hacer más ejercicio. La prueba de la A1C puede confirmar los efectos positivos que ha tenido el ejercicio en su control glucémico.

Qué significan las cifras

La glucohemoglobina puede cuantificarse de varias maneras. Y existen varios tipos de glucohemoglobina. Un tipo de glucohemoglobina puede determinarse mediante distintas pruebas. Debido a esto, las pruebas de la A1C realizadas en diferentes laboratorios pueden generar distintos resultados.

Si usted cambia de médico o su médico cambia de laboratorio, no olvide averiguar qué significan las cifras del nuevo laboratorio. Normalmente, cuanto mayor es la cifra de la prueba de la A1C, más elevado es el nivel de glucemia. Trabaje con el equipo sanitario para fijar los objetivos de glucohemoglobina.

Cuándo hay que hacerse la prueba de la A1C

Una persona debe hacerse la prueba de la A1C cuando descubre que padece diabetes. A partir de entonces, la prueba debe llevarse a cabo como mínimo de dos a cuatro veces al año.

¿Por qué hay que seguir realizando autoanálisis de glucemia?

La prueba de la A1C no puede sustituir los análisis que llevan a cabo diariamente los pacientes para determinar su nivel de glucemia (véase el apartado Autoanálisis de glucemia). Los autoanálisis ayudan a decidir cómo se va a tratar la diabetes en ese momento. Todo lo que uno hace para mantener la glucemia diariamente entre los límites normales se pondrá de manifiesto en los resultados de la prueba de la A1C.

Seguros

La diabetes puede resultar costosa, de manera que es importante encontrar el mejor seguro médico posible. Los costes que cubrirán los planes y las pólizas de seguros médicos varían considerablemente. Antes de contratar un seguro médico, responda a estas preguntas:

- ¿Cuánto cuesta la prima mensual y cuál es el copago por cada servicio o elemento cubierto por la póliza?
- ¿El seguro tiene una cláusula de enfermedades preexistentes excluidas que obliga al asegurado a pagar (normalmente de 6 a 12 meses) antes de recibir cobertura para sus necesidades diabetológicas?
- ¿Están cubiertas las consultas con el especialista en diabetes? ¿Cuántas consultas están permitidas? ¿Cuánto habrá que pagar en cada consulta?
- ¿Qué suministros están cubiertos? ¿Hay copago, límites de costes o restricciones en cuanto a la cantidad de suministros que pueden comprarse? ¿Hay que comprar los suministros en una farmacia o a un proveedor estable de material médico?
- ¿El seguro cubre la educación diabetológica o los servicios de un dietista?
- ¿Qué prestaciones relacionadas con el ámbito de la salud mental están cubiertas?
- ¿El seguro cubre los servicios de especialistas, como un endocrinólogo, un especialista de la vista, un podólogo o un dentista?

- ¿Qué medicamentos están pagados? ¿Hay un plan de recetas? ¿Con qué frecuencia pueden renovarse las recetas? ¿Las recetas exigen copago? ¿Deben despacharse por correo o puede despacharlas el farmacéutico local?
- ¿Está incluida la cobertura de la atención sanitaria domiciliaria y en una residencia de ancianos? ¿Hay alguna limitación?

SEGURO COLECTIVO

Si está empleado, puede que tenga la posibilidad de incorporarse a una póliza colectiva ofrecida por su empresa. Si una empresa concede un seguro a un empleado, tiene que ofrecer la misma póliza a todos los empleados. El seguro médico puede obligarle a revelar sus antecedentes personales patológicos antes de dar cobertura a algunas o a la totalidad de sus necesidades diabetológicas si es la primera vez que contrata un seguro médico a través de un colectivo o si no ha estado asegurado durante mucho tiempo antes de incorporarse al seguro colectivo. Las cuotas de los seguros colectivos varían. Muchas pólizas también asegurarán al cónyuge y a los hijos por una cuota adicional. En Estados Unidos, la asistencia sanitaria está exenta de impuestos, de manera que si paga una cuota, puede deducírsela de la nómina antes de deducir los impuestos. Si su empresa no ofrece ningún seguro médico, quizá podrá conseguir un seguro colectivo a través de la afiliación a alguna asociación profesional, empresarial o religiosa.

SEGURO INDIVIDUAL

Si no puede acogerse a un seguro colectivo, puede intentar encontrar una póliza de seguro médico individual. Desgraciadamente, esto puede resultar difícil para un diabético, el coste puede ser muy elevado y con frecuencia estas pólizas ofrecen menos prestaciones que los seguros colectivos. Asimismo, en Estados Unidos la mayoría de los Estados permiten a las compañías de seguros médicos cobrar más por las pólizas de seguros médicos individuales que cubren a diabéticos (Nueva York, Nueva Jersey, Vermont, Massachussets, Pensilvania, Hawai y Michigan poseen leyes para proteger contra esta práctica).

Compruebe si su Estado dispone de un fondo de seguros médicos de alto riesgo para personas con enfermedades como la diabetes. Aunque a veces los requisitos que exigen los fondos de alto riesgo son difíciles de cumplir y las pólizas pueden ser caras, muchos Estados ponen fondos de alto riesgo a la disposición de los enfermos crónicos.

Tipos de seguros médicos

Seguros de pago por acto médico

En los seguros de pago por acto médico, el asegurado y/o el patrono pagan una cuota anual o mensual denominada prima. La aseguradora paga la totalidad o parte de la atención médica. Normalmente, al principio la aseguradora pagará después de que el asegurado haya pagado una pequeña parte del coste (la cantidad deducible). También puede que el asegurado tenga que pagar una pequeña cantidad (copago) por las consultas o la asistencia sanitaria. Una ventaja del seguro de pago por acto médico es que el asegurado escoge los profesionales sanitarios a los que quiere ir.

Seguros de atención dirigida

En un seguro de atención dirigida hay que obtener la asistencia sanitaria de un grupo determinado de profesionales sanitarios a menos que se quiera pagar más por los servicios prestados por profesionales que no forman parte de ese grupo. Los tipos de seguros de atención dirigida son los de las organizaciones para el mantenimiento de la salud (HMO), las organizaciones de proveedores preferentes (PPO) y las organizaciones de proveedores exclusivos (EPO).

Al igual que los seguros de pago por acto médico, el asegurado y/o la empresa pagan una prima anual o mensual. Luego, la aseguradora paga la totalidad o parte de la atención médica del asegurado. Si el asegurado va a un médico que no forma parte del grupo de atención dirigida tendrá que pagar más por el servicio (quizás el importe total de la factura). También puede que tenga que pagar una cantidad (pago adicional) por las consultas o la asistencia sanitaria a algunos profesionales del grupo.

Consolidated Omnibus Budget Reconciliation Act (COBRA)

Según la ley COBRA de Estados Unidos, el empresario tiene que permitir al empleado mantener la misma póliza de seguro médico durante un máximo de 18 meses después de dejar el empleo. El empleado tendrá que pagar por la cobertura y puede que se le cobre hasta un 2 % más, pero esto suele salir más barato que pagar una nueva póliza de corta duración él solo. Si el empleado tiene una discapacidad, puede quedar asegurado gracias a la ley COBRA durante 29 meses. Las personas que están a cargo de otra pueden mantener la cobertura durante un máximo de 36 meses. En cuanto un empleado es despedido o deja la empresa, dispone de 60 días para aceptar las prestaciones de la ley COBRA. Durante esos 60 días, el empresario tiene que pagar las facturas del seguro del empleado o de las personas a su cargo. Los empresarios que tienen menos de 20 empleados, el gobierno federal, los empresarios que cierran y las iglesias están eximidos de la ley COBRA, aunque pueden ofrecer las prestaciones de dicha ley a sus empleados.

Si no puede acogerse a la ley COBRA o si su seguro COBRA vence, tiene otras opciones. En Estados Unidos, muchos Estados exigen que los empresarios ofrezcan una póliza de conversión con independencia de la salud o la condición física del empleado, habitualmente con un coste más elevado y con menos prestaciones (15 Estados y el distrito de Columbia no lo exigen). No obstante, puede ser su única opción y es mejor que quedarse sin seguro. En cuanto el seguro COBRA vence o usted deja su empleo, dispone de 31 días para aceptar o rechazar la póliza de conversión.

Health Insurance Portability and Accountability Act de 1996

Según esta ley estadounidense, las aseguradoras y los empresarios no pueden establecer normas de seguros que discriminen a los empleados por motivos de salud. Hay que ofrecer a todos los trabajadores aptos para un seguro médico en concreto la posibilidad de incorporarse a ese seguro al mismo precio. Las aseguradoras que venden pólizas individuales deben ofrecer una póliza individual sin establecer una cláusula de enfermedades preexistentes excluidas a cualquier persona que haya estado cubierta ininterrumpidamente por un seguro colectivo durante los últimos 18 meses, que actualmente no pueda acogerse a la cobertura de un seguro colectivo o que haya agotado la cobertura de la ley COBRA.

La ley también ayuda a mantener la cobertura cuando se cambia de trabajo. Si una persona es diabética desde hace más de seis meses y ha estado cubierta ininterrumpidamente por un seguro y luego deja su empleo, el nuevo empresario no puede negarle la cobertura debido a una enfermedad preexistente. No obstante, si a la persona le han diagnosticado la diabetes recientemente (en los últimos seis meses) y cambia de trabajo, la nueva empresa puede negarle o limitar la cobertura del seguro médico durante un año. Se trata de un período de carencia único de un año y puede acortarse según el número de meses que la persona haya estado asegurada en su empleo anterior desde que le diagnosticaron la enfermedad.

MEDICARE

Medicare es un programa de seguros médicos federal para mayores de 65 años y para algunos discapacitados que no pueden trabajar. Incluso con Medicare, puede que el asegurado tenga que pagar buena parte de las facturas médicas. Puede inscribirse en Medicare tres meses antes de cumplir los 65 años.

Medicare consta de dos secciones: la Sección A y la Sección B. La Sección A ayuda a pagar la atención médica proporcionada en los hospitales, los centros especializados de enfermería, los centros de cuidados paliativos (para personas que se están muriendo) y las residencias de ancianos. No cubre la ayuda para las actividades cotidianas, como caminar, vestirse, etc., si esto es lo único que se necesita.

Aunque la mayoría de las personas aseguradas por Medicare reciben las prestaciones de la Sección A, la Sección B (disponible por una cuota mensual) es fundamental, especialmente para los diabéticos. La Sección B ayuda a pagar los servicios de profesionales sanitarios, los servicios de ambulancia, las pruebas diagnósticas, los servicios ambulatorios, la fisioterapia ambulatoria, los servicios de patología del habla y los aparatos y suministros médicos. La cobertura se ha ampliado para incluir la educación diabetológica, servicios de nutrición y muchos suministros médicos para la diabetes. El médico debe certificar por escrito que el diabético necesita todos esos productos para tratarse la diabetes. Hay que hacer copias del certificado y entregar una al farmacéutico cada vez que se compran suministros.

Medicare no pagará todos los servicios y suministros relacionados con la diabetes. Para obtener mayor información acerca de Medicare, obtenga un ejemplar de *Medicare Coverage of Diabetes Supplies and Services* o visite www.medicare.gov para obtener información por Internet.

MEDIGAP Y LAS HMO DE MEDICARE

Las aseguradoras privadas venden los seguros Medigap para cubrir algunos de los gastos que Medicare no cubre. Las HMO de Medicare suelen sustituir las pólizas tradicionales de Medicare y exigen que el asegurado vaya a un grupo selecto de profesionales sanitarios. No se puede negar el acceso a Medigap si se hace la solicitud en los seis meses siguientes a la primera solicitud de la Sección B de Medicare. No se puede negar el acceso a una HMO de Medicare siempre que se escoja la póliza durante un período que se denomina inscripción abierta y que tiene lugar como mínimo una vez al año. No olvide leer la póliza detenidamente y comparar precios antes de comprar.

El folleto *Guide to Health Insurance for People with Medicare* se actualiza anualmente y puede conseguirse a través de cualquier aseguradora o de la Seguridad Social. Contiene las normas federales para las pólizas Medigap e información general sobre Medicare.

MEDICAID

En Estados Unidos, si tiene una renta muy baja, es discapacitado, es anciano o es un niño, a lo mejor podría acogerse a Medicaid. Se trata de un programa de asistencia federal y estatal. Cada Estado decide qué nivel de ingresos considera muy bajo y qué servicios y suministros médicos cubrirá. Llame a la oficina de Medicaid de su Estado para averiguar si cumple los requisitos y qué costes sanitarios están cubiertos.

SEGURO DE INVALIDEZ DE LA SEGURIDAD SOCIAL

Si pierde su trabajo porque es discapacitado, quizá pueda acogerse a este seguro. En Estados Unidos, el seguro de invalidez cubre a menores de 65 años que han tenido un empleo remunerado recientemente y que ahora presentan una discapacidad. La Seguridad Social ha elaborado una lista de discapacidades. Si usted tiene una discapacidad que figura en esa lista y gana menos de 800 dólares al mes, se le considera discapacitado. Las discapacidades que figuran en la lista comprenden la diabetes con ciertos tipos de neuropatía, acidosis, amputación o retinopatía.

Sexo y diabetes

La diabetes y sus complicaciones pueden perjudicar la vida sexual. Los problemas sexuales pueden tener causas físicas y psicológicas. Normalmente, los médicos empiezan por buscar las causas físicas.

Causas físicas

Demasiado cansancio. Si tiene un nivel elevado de glucemia, puede encontrarse demasiado cansado para tener relaciones sexuales. Un mejor control de la diabetes puede ayudar.

Infección urinaria. Cuando el nivel de glucemia es elevado, es más probable contraer una infección urinaria. Los indicios de infección urinaria comprenden:

- Micción frecuente.
- Dolor o escozor al miccionar.
- Orina turbia o sanguinolenta.
- Dolor lumbar o abdominal.
- Fiebre.
- Escalofríos.

Si tiene una infección urinaria, el coito puede ser doloroso o incómodo. Ésta puede tratarse con antibióticos.

Falta de control del esfínter vesical. Si tiene una lesión nerviosa en la vejiga, no podrá saber cuándo está llena de orina. Puede experimentar pérdidas durante el coito o al alcanzar el orgasmo. Para evitarlo, pruebe a miccionar antes y después del coito.

Afectación de las extremidades o las articulaciones. Si padece una lesión nerviosa en una extremidad, le han amputado alguna de ellas o padece artropatía, las relaciones sexuales pueden resultarle difíciles o incómodas. Pruebe distintas posturas. Algunas pueden ser mejores que otras. Apoyarse en varios cojines puede ayudar. Quizás un fisioterapeuta pueda sugerirle distintas maneras para estar más cómodo durante las relaciones sexuales.

SÓLO PARA MUJERES

Pérdida de sensación. La lesión nerviosa de los órganos sexuales puede provocar una pérdida de sensación. Esto puede dificultar que la mujer alcance el orgasmo. Los ejercicios de Kegel, los cambios de postura durante las relaciones sexuales y una estimulación directa más intensa de los órganos sexuales pueden ayudar.

Infección vaginal (vaginitis). Las diabéticas suelen tener más infecciones vaginales que las mujeres sin diabetes. La mayoría de las infecciones vaginales están causadas por el hongo *Candida albicans.* La hiperglucemia estimula el crecimiento de hongos. Los indicios de vaginitis comprenden:

- Flujo blanco espeso.
- Picazón.
- Escozor.
- Enrojecimiento.
- Hinchazón.

La vaginitis puede provocar irritación, molestias o dolor durante o después del coito. Las pomadas o los fármacos antifúngicos pueden eliminar la mayor parte de las infecciones vaginales. Mantener la glucemia bajo control puede ayudar a evitarlas.

Sequedad vaginal. La lesión nerviosa de las células que revisten la vagina puede provocar sequedad vaginal. Ésta puede ocasionar irritación, molestias o dolor durante o después del coito. Los lubricantes de venta libre o con receta pueden ser de ayuda. Mantener la glucemia bajo control puede retrasar o enlentecer la lesión nerviosa.

Tensión vaginal (vaginismo). El dolor o las molestias que siente una mujer debido a las infecciones o la sequedad vaginales pueden hacer que tenga mayores probabilidades de padecer vaginismo. Este trastorno es un espasmo involuntario de los músculos situados alrededor del orificio de la vagina. Puede hacer que el sexo sea difícil o doloroso. Aprender a relajar estos músculos con los ejercicios de Kegel puede ayudar. Probar posturas que permiten un mayor control sobre la penetración, también.

SÓLO PARA VARONES

Impotencia. Aproximadamente la mitad de los varones diabéticos acaban siendo impotentes. *Impotencia* significa que el pene no se endurece o no se mantiene lo suficientemente erecto para el coito. Existen muchas causas de impotencia. Las más habituales en los varones diabéticos son:

- Lesión de los nervios del pene.
- Alteración de los vasos sanguíneos del pene.
- Mal control glucémico.

Normalmente, la impotencia física aparece poco a poco y empeora con el tiempo. Los indicios de impotencia comprenden un pene menos rígido y menos erecciones. A la larga, las erecciones acaban por desaparecer. La mejor manera de evitar la impotencia es mantener la glucemia bajo control. Si se vuelve impotente, hable con el médico. Existen muchas opciones terapéuticas para la impotencia física.

CAUSAS PSICOLÓGICAS

Si el paciente y el médico no pueden encontrar una causa física para el problema sexual, puede que la causa sea psicológica. Las causas psicológicas de los problemas sexuales son las mismas independientemente de si se padece diabetes o no. Un problema sexual puede ser psicológico si:

- El paciente no puede hablar con su pareja sobre sexo.
- El paciente y su pareja discuten por dinero, los hijos o el trabajo.
- El paciente está estresado, preocupado o ansioso.
- El paciente teme ser impotente.
- La paciente teme quedarse embarazada.
- El paciente está triste, deprimido o enfadado.
- El paciente tuvo una educación sexual inadecuada.
- El paciente tuvo una educación restrictiva.
- El paciente sufrió abusos sexuales.

Si cree que su problema sexual tiene una causa psicológica, busque un profesional de la salud mental especializado en este campo. Podría tratarse de un psiquiatra, un psicólogo o un asistente social autorizado.

SHH

SHH es la abreviatura de síndrome hiperglucémico hiperosmolar no cetónico. Es un estado de hiperglucemia y deshidratación grave potencialmente mortal. Cualquier persona con diabetes tipo 2 puede desarrollar un SHH. Pero el SHH no aparece porque sí, sino que suele ser consecuencia de otra cosa, como una enfermedad o un infarto de miocardio.

En el SHH, la glucemia aumenta y el organismo intenta eliminar el exceso de glucosa enviándolo a la orina. Se recoge agua de todo el cuerpo para diluir la glucosa en la orina. A raíz de esto, el diabético evacua un gran volumen de orina y tiene que miccionar más a menudo. También tiene mucha sed. Si no bebe suficientes líquidos en ese momento, puede deshidratarse.

Si el SHH persiste, la deshidratación grave producirá convulsiones, un estado de coma y finalmente la muerte. Normalmente, el SHH tarda días o incluso semanas en desarrollarse. Hay que estar atento a las señales de alerta del SHH.

SEÑALES DE ALERTA DEL SHH

- Glucemia superior a 600 mg/dl.
- Sequedad bucal y garganta reseca.
- Sed extrema (aunque puede desaparecer gradualmente).
- Piel seca y caliente que no suda.
- Fiebre alta (40,5º C, por ejemplo).
- Somnolencia o confusión.

- Pérdida visual.
- Alucinaciones.
- Debilidad en un lado del cuerpo.

Si presenta alguno de estos indicios, llame al médico.

Cómo evitar el SHH

La mejor manera de evitar el SHH es mediante análisis habituales de la glucemia. Si realiza uno o dos análisis de glucemia al día, estará al tanto de la hiperglucemia antes de que empeore. Cuando esté enfermo, analice la glucemia más a menudo y beba un vaso lleno de líquido (sin alcohol ni cafeína) cada hora.

Síndrome X

El síndrome X realmente no es tanto una enfermedad específica como un grupo de afecciones que con frecuencia aparecen juntas. Generalmente, el síndrome X, a menudo denominado síndrome metabólico, se refiere a la combinación de hipertensión arterial, concentraciones elevadas de lípidos (colesterol LDL, triglicéridos y otras grasas sanguíneas), obesidad (especialmente alrededor del abdomen) y algún tipo de resistencia a la insulina, aunque existen diferentes definiciones. Las personas que presentan esta combinación de factores corren un riesgo mucho más alto de desarrollar cardiopatías y diabetes. Si usted ya padece una diabetes tipo 2, es muy probable que al menos tenga alguna de las otras afecciones asociadas a este síndrome, lo que le confiere un riesgo todavía mayor de desarrollar complicaciones graves. Con el síndrome metabólico puede ser tan sólo cuestión de tiempo el hecho de que surja algo más grave.

¿Quién tiene el síndrome X?

Desgraciadamente demasiadas personas. El síndrome X es muy habitual y puede afectar hasta al 25 % de la población de mediana edad en Estados Unidos. Aunque afecta a unas poblaciones más que a otras, suele ser más frecuente entre los varones y las poblaciones minoritarias, especialmente los americanos de origen mexicano. Como es de esperar, a mayor edad, mayores son las probabilidades de desarrollar las afecciones que componen el síndrome metabólico.

Qué hay que hacer

Puesto que son parecidos, y a menudo aparecen juntos, los métodos empleados para tratar el síndrome X y la diabetes tipo 2 son muy similares. El objetivo es tratar los problemas subyacentes que provocan la aparición de estas afecciones (normalmente una mala alimentación y la ausencia de ejercicio). Si cree que cumple los requisitos del síndrome metabólico, el primer paso debe ser comentar la situación con su médico o con otro miembro del equipo sanitario. Ellos podrán elaborar un plan de tratamiento adecuado para usted. Lo más seguro es que el plan comprenda:

- Ejercicio.
- Un plan de comidas saludable, con menos colesterol y más fibra.
- Deshabituación tabáquica (dejar de fumar).
- Antihipertensivos, como los IECA (si es necesario).
- Antidiabéticos (si es necesario).

Puesto que se considera que la obesidad es el principal factor que contribuye al síndrome X, adelgazar será el objetivo del tratamiento. Adelgazar tan sólo unos kilos puede tener un efecto espectacular en la salud.

Debe tener presente que el hecho de padecer el síndrome metabólico le confiere un riesgo mucho mayor de padecer cardiopatías, infarto de miocardio y apoplejía; pero no significa necesariamente que vaya a tener problemas cardíacos. Esto depende de usted. Con ejercicio y una buena dieta, puede hacer mucho para contrarrestar los efectos negativos del síndrome X.

Trastornos alimentarios

Hay dos trastornos alimentarios (la anorexia y la bulimia) que pueden ser más frecuentes en los diabéticos. Los investigadores no están seguros del porqué, pero tanto la diabetes como los trastornos alimentarios tienen en común los alimentos y el peso como centro de atención.

ANOREXIA

Los anoréxicos tienen un gran temor a engordar. Para mantenerse delgados pasan hambre. Pueden tener unos hábitos alimentarios secretos o extraños, como cortar los alimentos en trozos diminutos. Pueden negarse a comer con otras personas. Para adelgazar más, pueden hacer mucho ejercicio. Los anoréxicos se ven gordos aun cuando están muy delgados.

BULIMIA

Los bulímicos están excesivamente preocupados por la forma y el peso de su cuerpo. Se dan atracones y se purgan dos veces por semana o más para no engordar. Un atracón es el consumo de una gran cantidad de alimentos (con frecuencia por valor de varios miles de calorías) de golpe.

Durante un atracón, los bulímicos están fuera de control y asustados. Después, se sienten deprimidos y tienen la autoestima baja. Para purgarse se provocan vómitos o toman laxantes o diuréticos para producir diarrea o eliminar líquidos. También pueden intentar controlar rigurosamente el peso mediante una dieta o un ayuno estricto, o haciendo mucho ejercicio. Los bulímicos pueden tener sobrepeso, un peso inferior al normal o un peso normal.

TRASTORNOS ALIMENTARIOS Y CONTROL DE LA DIABETES

La mayoría de los diabéticos que padecen un trastorno alimentario llevan un mal control de la diabetes. Algunos consiguen mantener la enfermedad bien controlada. Puede que los diabéticos bulímicos tomen más insulina después de darse un atracón. Los diabéticos anoréxicos puede que reduzcan la dosis de insulina para adaptarla al menor consumo de alimentos. Otros simplemente se esfuerzan por mantener su trastorno alimentario bajo control a fin de no alterar el de la diabetes.

TRASTORNOS ALIMENTARIOS Y CONTROL DEL PESO

Un trastorno alimentario dificulta mucho el control del peso. Puede que los diabéticos que padecen un trastorno alimentario reduzcan o se salten la dosis de insulina para adelgazar. Muchas personas que prueban esto tienen sobrepeso. Otras tienen un peso normal o incluso bajo.

Dejar de tomar la insulina lleva a un tipo de adelgazamiento peligroso. El cuerpo pierde peso en agua y puede deshidratarse. Sin insulina suficiente, el organismo no tiene glucemia suficiente para producir energía. El organismo agota las reservas de glucógeno del hígado. Entonces, empieza a degradar los tejidos grasos, los músculos y los órganos corporales. Si no se reanuda la utilización de insulina, con el tiempo la persona fallece.

TRASTORNOS ALIMENTARIOS Y SALUD

Las personas que padecen trastornos alimentarios tienen mayores probabilidades de experimentar problemas de digestión, problemas cardíacos y otros problemas motivados por el hambre, los vómitos provocados por la propia persona y la adicción a los laxantes y los diuréticos. Además, es más probable que los diabéticos que padecen un trastorno alimentario presenten:

- Cuerpos cetónicos elevados.
- Hiperglucemia.
- Hipoglucemia.
- Enfermedades oculares.
- Nefropatía.
- Neuropatía.

AYUDA PARA LOS TRASTORNOS ALIMENTARIOS

Una persona que padece un trastorno alimentario necesita la ayuda de un médico, un profesional de la salud mental y un dietista. Hay que pedir una recomendación a un médico de familia o un psicopedagogo. Algunos ambulatorios y centros de salud se especializan en el tratamiento de las personas que padecen trastornos alimentarios. Busque en las páginas amarillas en el apartado «Trastornos alimentarios». También podría encontrar información o un grupo de apoyo a través de Internet.

La mayoría de los trastornos alimentarios pueden tratarse con psicoterapia ambulatoria o psicoterapia conductista y terapia de grupo o familiar. A veces se utilizan antidepresivos. Si una persona que padece un trastorno alimentario se niega a recibir ayuda y su vida corre peligro, puede que la ingresen en el servicio de psiquiatría de un hospital para someterla a un tratamiento.

Vitaminas y minerales

Una cantidad correcta de vitaminas y minerales ayuda al organismo a funcionar bien. Las vitaminas y los minerales pueden obtenerse a partir de los alimentos que se consumen. También pueden obtenerse tomando determinadas pastillas. Éstas se denominan complementos.

La mayoría de los diabéticos ingieren suficientes vitaminas y minerales con una alimentación variada. Sin embargo, algunos pueden tener una carencia de ciertas vitaminas y minerales. Esto significa que el organismo no tiene una cantidad suficiente de una vitamina o un mineral.

CARENCIAS VITAMÍNICAS

La mayor parte de los diabéticos toman suficiente vitamina A. La mayoría de ellos también toman suficiente vitamina E y C, pero algunas personas pueden necesitar más. Consulte a su médico.

Normalmente, los diabéticos obtienen suficientes vitaminas B. Las vitaminas B comprenden la vitamina B_1 (tiamina), la vitamina B_2 (riboflavina), la vitamina B_3 (ácido nicotínico), la vitamina B_6 (piridoxina), la vitamina B_{12} y el folato. Pero si la diabetes no está bien controlada, se corre el riesgo de perder las vitaminas B por la orina. El profesional encargado del cuidado de la diabetes puede recomendar tomar más alimentos ricos en vitamina B.

Las investigaciones han demostrado que la carencia de vitamina B_6 puede estar relacionada con la tolerancia a la glucosa alterada. Esto significa que el organismo tiene dificultades para utilizar la insulina.

FUENTES ALIMENTARIAS DE VITAMINAS Y MINERALES	
Vitamina A	Hígado, atún, frutas y verduras de color naranja intenso, verduras de hoja verde
Vitamina B_1 (tiamina)	Cerdo, semillas de girasol, cereales integrales
Vitamina B_2 (riboflavina)	Hígado, pato, caballa, productos lácteos
Vitamina B_3 (ácido nicotínico)	Aves, pescado, ternera
Vitamina B_6 (piridoxina)	Patatas, plátanos, garbanzos, zumo de ciruela seca, aves, pescado, hígado
Vitamina B_{12}	Pescado, marisco, hígado
Vitamina C	Cítricos, melón, fresas, kiwi, pimientos, bróculi, coles de Bruselas
Vitamina D	Pescado, leche enriquecida, mantequilla, margarina, huevos
Vitamina E	Frutos secos, semillas, aceites, mangos, frambuesas, manzanas
Folato	Legumbres, verduras de hoja verde, espárragos, hígado, germen de trigo
Calcio	Yogur, leche, queso
Cromo	Germen de trigo, levadura de cerveza, salvado, cereales integrales, hígado, carne, queso
Cobre	Cangrejo, hígado, frutos secos, semillas, ciruelas secas, pasas
Hierro	Marisco, carne, hígado, soja, semillas de calabaza
Magnesio	Frutos secos, semillas, legumbres, cereales integrales, verduras de hoja verde, pescado
Manganeso	Cereales integrales, verduras, frutos secos, fruta
Potasio	Frutas, verduras, legumbres, pescado, leche, yogur
Selenio	Marisco, pescado, hígado, frutos secos, cereales integrales
Cinc	Carne, hígado, marisco

CARENCIAS MINERALES

Cromo. La mayoría de los diabéticos toman suficiente cromo, pero algunos tienen una carencia de esta sustancia. Esto puede llevar a un aumento de la glucemia y las concentraciones sanguíneas de grasas, y a desarrollar tolerancia a la glucosa alterada.

Si una prueba analítica pone de manifiesto que padece una carencia de cromo, el médico puede mandarle tomar un complemento de este mineral. Si ya toma suficiente cromo, tomar más no ayudará a su glucemia ni a sus concentraciones sanguíneas de grasas.

Cobre y manganeso. Las carencias de cobre y manganeso se han asociado a la tolerancia a la glucosa alterada. Pero la mayoría de los diabéticos toman suficiente cobre y manganeso. Así pues, no es probable que presenten carencias.

Selenio y hierro. No es probable que los diabéticos tengan carencias de selenio y hierro. Y la mayoría de los diabéticos tienen el mismo riesgo de presentar carencia de hierro que las personas que no padecen diabetes.

Magnesio. Los diabéticos que tienen un mal control glucémico o una concentración muy elevada de cuerpos cetónicos tienen mayores probabilidades de sufrir una carencia de magnesio. Esta carencia puede hacer que el organismo sea menos sensible a la insulina. Si una prueba analítica pone de manifiesto que tiene una concentración baja de magnesio, puede que el médico le mande tomar complementos de este mineral.

Cinc. Las carencias de cinc son más frecuentes en los diabéticos, especialmente los que están mal controlados. La carencia de cinc puede provocar tolerancia a la glucosa alterada. Si una prueba analítica pone de manifiesto que no tiene suficiente cinc, puede que el médico le mande tomar un complemento o comer más alimentos ricos en este mineral.

COMPLEMENTOS VITAMÍNICOS O MINERALES

Consulte con el equipo sanitario para asegurarse de que ingiere las vitaminas y los minerales que necesita. Si el equipo descubre que carece de ciertas vitaminas y minerales, puede recomendarle un complemento:

1. *Si intenta adelgazar y toma menos de 1.200 calorías al día*: puede necesitar hierro y folato.
2. *Si no come ningún alimento de origen animal*: puede necesitar vitamina B_{12}, calcio, hierro, vitamina B_2 (riboflavina) y cinc.
3. *Si tiene riesgo de padecer osteopatías*: puede necesitar vitamina D, calcio y magnesio.
4. *Si es mayor de 65 años*: puede necesitar calcio y folato.
5. *Si está embarazada o da de mamar*: puede necesitar hierro, cinc, calcio y folato adicionales.
6. *Si toma diuréticos*: puede necesitar magnesio, calcio, potasio y cinc.

Consulte con el médico antes de tomar cualquier complemento.

LA DOSIS CORRECTA

La National Academy of Sciences establece la cantidad diaria recomendada (CDR) y los consumos seguros y adecuados de vitaminas y minerales. Son las cantidades mínimas de vitaminas y minerales que necesita la mayoría de la gente. Los diabéticos sanos tienen que tomar estas cantidades.

CANTIDAD DIARIA RECOMENDADA O CONSUMOS SEGUROS Y ADECUADOS DE VITAMINAS Y MINERALES PARA VARONES Y MUJERES DE 25 A 50 AÑOS		
	Varones	Mujeres
Vitamina A	1.000 µg ER	800 µg ER
Vitamina B$_1$ (tiamina)	1,5 mg	1,1 mg
Vitamina B$_2$ (riboflavina)	1,7 mg	1,3 mg
Vitamina B$_3$ (ácido nicotínico)	19 mg	15 mg
Vitamina B$_6$ (piridoxina)	2 mg	1,6 mg
Vitamina B$_{12}$	2,0 µg	2,0 µg
Vitamina C	60 mg	60 mg
Vitamina D	5 µg	5 µg
Vitamina E	10 mg αET	8 mg αET
Folato	200 µg	180 µg
Calcio	800 mg	800 mg
Cromo	de 50 a 200 µg	de 50 a 200 µg
Cobre	de 1,5 a 3,0 mg	de 1,5 a 3,0 mg
Hierro	10 mg	15 mg
Magnesio	350 mg	280 mg
Manganeso	de 2,0 a 5,0 mg	de 2,0 a 5,0 mg
Potasio	3.500 mg	3.500 mg
Selenio	70 µg	55 µg
Cinc	15 mg	12 mg

ER significa equivalentes de retinol. Desde 1974, la National Academy of Sciences utiliza equivalentes de retinol (ER) en lugar de unidades internacionales (UI) para calcular la vitamina A que hay en los alimentos a fin de establecer las necesidades de vitamina A. αET significa equivalentes de tocoferol alfa. El tocoferol alfa es la forma de vitamina E que se absorbe con mayor facilidad.

Yoga

Mantenerse activo es una parte importante del control glucémico en la diabetes, especialmente en la diabetes tipo 2. Parece que cada año más investigaciones ponen de manifiesto que el ejercicio y la actividad pueden ayudar mucho a que el organismo utilice la insulina con mayor eficacia. De hecho, hay quien cree que el ejercicio podría ser uno de los factores más importantes para mantener la glucemia cerca de las concentraciones normales.

Existen muchos tipos de ejercicio e incontables maneras de mantenerse activo. Van desde quitar las malas hierbas del jardín hasta dar un paseo o ir en bicicleta campo a través. También existen distintas formas de orientar la actividad para obtener diferentes resultados. Puede concentrarse en aumentar la fuerza con actividades de resistencia, como el levantamiento de pesas. O puede centrarse en aumentar la frecuencia cardíaca durante un período de tiempo con ejercicios aeróbicos, como el footing. También puede concentrarse en aumentar la flexibilidad con estiramientos, como por ejemplo el yoga.

YOGA Y FLEXIBILIDAD

La flexibilidad es una parte del ejercicio que a menudo se pasa por alto. Muchas personas tienden a centrarse en desarrollar los músculos o mejorar su capacidad aeróbica. Con frecuencia, los estiramientos y la flexibilidad se consideran algo que se hace antes de practicar ejercicio, no como un ejercicio propiamente. No obstante, mejorar la flexibilidad mediante actividades como el yoga puede dar muchos frutos.

Por lo general, se considera que la flexibilidad es cuánto pueden llegar a moverse cómodamente los músculos alrededor de las articulaciones, o la amplitud de los movimientos. Poder estirar los músculos es bueno porque:

- Disminuye la tensión muscular.
- Ayuda a evitar lesiones.
- Alivia el dolor muscular y articular.

El yoga es una manera excelente de mejorar la flexibilidad porque trabaja los estiramientos en un programa integral de bajo impacto destinado al cuerpo entero. Implica mantener el cuerpo en varias posturas o realizar una serie de movimientos lentos mientras la persona se concentra en la respiración. Es una opción excelente si ha permanecido inactivo durante un tiempo, si se está recuperando de una lesión o si tiene una movilidad escasa. También constituye un buen complemento para cualquier programa de *cross-training*, ya que ejercita músculos que normalmente no se utilizan. Además de mejorar la flexibilidad el yoga también:

- Fortalece.
- Aumenta la energía.
- Alivia el estrés físico y mental.

Existen muchos tipos distintos de yoga (algunos más activos, otros más meditativos), de modo que asegúrese de estudiar las distintas opciones para encontrar el tipo de yoga adecuado para usted. Generalmente, también es mejor dar clases de yoga que seguir un libro o una cinta de vídeo. El hecho de tener un instructor de yoga que se asegure de que estamos colocados y realizamos los ejercicios correctamente puede ser de gran ayuda.

El yoga puede no ser apropiado para todo el mundo. Si padece hipertensión arterial o retinopatía, no debe colocar la cabeza por debajo de la cintura. Antes de empezar cualquier programa de ejercicios nuevo, comente la actividad con el médico o un miembro del equipo sanitario. No sólo podrán evaluar su capacidad para practicar una actividad como el yoga, sino que también podrán ofrecerle información sobre grupos, clases u otros recursos locales.

Zzz: dormir es importante

Los estadounidenses son un pueblo con una grave carencia de sueño. En Estados Unidos, los adultos duermen, como término medio, sólo seis horas y media cada noche, y un tercio duerme todavía menos. Hace cincuenta años, la gente dormía como término medio una hora más que ahora. Hace ochenta años, la gente dormía aproximadamente dos horas más. Así pues, ¿por qué no pueden dormir los estadounidenses? Nadie puede destacar una razón, pero hay quien sospecha que se debe a un exceso de trabajo, un exceso de estrés, un exceso de televisión e Internet, o a una combinación de las tres cosas. Sea cual sea el motivo, parece que hay algo que impide a los estadounidenses dormir bien.

Los efectos de la falta de sueño pueden ser muy perjudiciales. Además de hacer que estemos menos despiertos durante la vida cotidiana (algunos estudios dejan entrever que el 10 % de todos los accidentes de automóvil y la mayoría de los accidentes laborales se deben al cansancio), la falta de sueño puede alterar el funcionamiento del organismo para autorregularse. La falta de sueño se ha asociado a la hipertensión arterial, el infarto de miocardio y la apoplejía. Las investigaciones recientes indican que no dormir lo suficiente incluso puede provocar diabetes o, en el caso de aquellos que ya la padecen, empeorar las complicaciones propias de esta enfermedad.

Sueño y diabetes

¿Cómo puede provocar diabetes la falta de sueño? Aunque todavía se desconoce la causa, parece que el sueño ayuda a regular ciertas hormonas que actúan conjuntamente para determinar el grado de sensibilidad a la insulina. Cuando una persona no duerme lo suficiente, el organismo se vuelve menos sensible a la insulina. En un estudio llevado a cabo en varones jóvenes faltos de sueño, las concentraciones de insulina en la sangre eran hasta un 50 % más altas cuando no dormían lo suficiente. Puede que no siempre haya tanta diferencia, pero parece que no dormir lo suficiente está directamente relacionado con las concentraciones elevadas de insulina en el torrente circulatorio. Con el tiempo, estas concentraciones elevadas pueden hacer que el organismo sea cada vez más resistente a la insulina y, posiblemente, conducir a la diabetes.

Si usted ya es diabético, los efectos de la falta de sueño pueden ser todavía más alarmantes. La resistencia a la insulina que acarrea la falta de sueño puede intensificar la diabetes ya existente, lo que dificulta mucho más el control glucémico y confiere un riesgo mucho mayor de presentar complicaciones. Si es diabético o tiene riesgo de desarrollar diabetes, dormir lo suficiente no es sólo cuestión de estar más descansado, es cuestión de buena salud.

Apnea del sueño

No obstante, no es tan fácil conseguir dormir bien. Además de los numerosos obstáculos propios del estilo de vida que a menudo nos impiden dormir lo suficiente (estrés, entretenimiento e insomnio), con frecuencia los diabéticos sufren un trastorno del sueño denominado *apnea del sueño*. Este trastorno impide que las personas reciban oxígeno suficiente mientras duermen, lo que puede interrumpir el sueño profundo e impedir un buen descanso. La mayoría de las personas con apnea del sueño no son conscientes de que padecen este trastorno, y se ha insinuado que 9 de cada 10 casos no se diagnostican. Si padece apnea del sueño, puede que se sienta cansado con frecuencia, incluso tras muchas horas de sueño, y que le cueste levantarse por la mañana. Aunque no se ha confirmado claramente la existencia de un vínculo, a menudo la apnea del sueño, la diabetes y la obesidad van de la mano.

Además de impedir descansar, la apnea del sueño puede producir los mismos efectos de resistencia a la insulina que provoca el hecho de no dormir lo suficiente. Se ha dicho que al igual que la falta de sueño en general, existe un vínculo entre la apnea del sueño y el aumento de la tasa de cardiopatías, infartos de miocardio y apoplejías, aunque puede que no se deba a la apnea del sueño; quizá las dos afecciones simplemente sean consecuencia de una misma fuente.

Afortunadamente, existen tratamientos para la apnea del sueño que pueden resultar muy eficaces. Si cree que padece esta afección, hable con un miembro del equipo de atención diabetológica sobre los tratamientos que podrían ser adecuados para usted.

CONSEJOS PARA DORMIR BIEN

- Reservar la cama únicamente para dormir (y para la intimidad). Realizar otras actividades en la cama, como ver la televisión, hablar de problemas emocionales o trabajar con el portátil, puede hacer que asocie la cama a otras cosas distintas del sueño.
- Evitar las siestas a primera o última hora de la tarde.
- Evitar la cafeína, la nicotina (¡no fume!) y el alcohol por la noche. Puede parecer que el alcohol ayuda a dormir, pero cuando el organismo lo transforma, puede hacer que se despierte temprano y provocarle pesadillas y sudores.
- Intentar establecer un ritual tranquilizante antes de acostarse. A menudo, puede resultar difícil «apagar» el estrés de la vida cotidiana y simplemente dormirse. La realización de una actividad tranquilizante antes de acostarse, como darse un baño caliente, meditar o escuchar música relajante, ayudará a eliminar de la mente el estrés de la vida cotidiana.
- Reducir al mínimo las luces brillantes, el ruido y otras molestias en la habitación.
- Un tentempié ligero antes de acostarse puede ser relajante (y, si toma insulina, puede ayudar a evitar la hipoglucemia nocturna), pero una comida completa antes de acostarse puede dificultar el sueño.

- Intentar acostarse y despertarse a la misma hora cada día, incluso los fines de semana. Es muy importante acostumbrar al organismo a un ritmo de sueño.
- Si cree que padece un trastorno del sueño, como insomnio, narcolepsia o apnea del sueño, hable con su equipo sanitario acerca de las opciones de tratamiento.

Índice analítico y de nombres